ANUARIO DE POESÍA MEXICANA
2005

TEZONTLE

ANUARIO DE POESÍA MEXICANA

2005

Selección y prólogo
DAVID HUERTA

FONDO DE CULTURA ECONÓMICA

Primera edición, 2006

Huerta, David, selec.
    Anuario de poesía mexicana 2005 / selec. y pról. de
David Huerta. — México : FCE, 2006
    240 p. ; 21 × 14 cm — (Colec. Tezontle)
    ISBN 968-16-8087-1 (empastada)
    ISBN 968-16-8088-X (rústica)

    1. Poesía Mexicana 2. Literatura Mexicana — Siglo
XXI I. Ser. II. T.

LC PQ7297   Dewey M861 H872a

Distribución mundial

Comentarios y sugerencias: editorial@fondodeculturaeconomica.com
www.fondodeculturaeconomica.com
Tel. (55) 5227 4672 Fax (55) 5227 4694

Empresa certificada ISO 9001-2000

Coordinación editorial: Tedi López Mills

Diseño de portada: Laura Esponda Aguilar

D. R. © 2006, Fondo de Cultura Económica
Carretera Picacho Ajusco, 227; 14200 México, D. F.

ISBN 968-16-8087-1 (empastada)
ISBN 968-16-8088-X (rústica)

Impreso en México•*Printed in Mexico*

Agradecimientos

Queremos agradecer, nuevamente, a los directores y editores de las revistas que facilitaron nuestra labor con su generosidad y su apoyo incondicionales. Asimismo, deseamos expresarle toda nuestra gratitud a Luis Felipe Fabre por la colaboración constante e invaluable que le brindó a esta segunda emisión del *Anuario de poesía mexicana.* Por último, también extendemos nuestro agradecimiento a Aldo Ramos por su asistencia técnica.

LOS EDITORES

Prólogo

Uno. Los estudiantes preparatorianos que habrían de convertirse en los principales Contemporáneos (Novo, Gorostiza, Pellicer, Villaurrutia...) solían visitar a Ramón López Velarde en su salón de clases de San Ildefonso o en su despacho de abogado. El domicilio de esa oficina era Avenida Madero *número uno*. Aquellos jóvenes iban a hablar de literatura y a mostrarle sus poemas al joven maestro. Al abogado-poeta le pedían que legislara sobre sus textos primerizos, en una curiosa inflexión de aquella imagen romántica, de índole más bien política, debida a Shelley: la del poeta como secreto y no reconocido promulgador de las leyes de este mundo. La legislación, en ese caso, era meramente crítica literaria... pero no deja de ser significativo que el maestro poético fuera abogado. Hay testimonios realmente interesantes de esa guía órfica.

El poeta *número uno* de México era entonces una figura bicápite, una diarquía: Amado Nervo/Enrique González Martínez. La poesía mexicana estaba, por lo tanto, fuertemente *occidentalizada*: Nayarit, Jalisco; y a la vez, imantada con avidez secular por el Valle Metafísico.

De *tierra adentro* (Jerez, Venado, Aguascalientes) llegó a la metrópoli el maestro zacatecano (RLV) que nunca conoció el mar; del mar oriental, de Tabasco, Pellicer y Gorostiza. Novo y Villaurrutia, capitalinos, comparecían minoritarios en esas geografías concentradas por el antiguo Anáhuac, punto de convergencia del milenario centralismo mexicano, en la etapa inmediatamente posterior al movimiento revolucionario de 1910.

Dos. Una luz granadina (1527; conversación de Juan Boscán y Andrea Navaggiero) se enlazaba a fines del siglo XVII con la frescura del convento novohispano de San Jerónimo: en una de sus celdas comenzaría la escritura del *Primero sueño*.

Amado Nervo inauguraría los modernos estudios sobre sor Juana Inés de la Cruz en 1910 con un hermoso librito *(Juana de Asbaje)* dedicado "a las mujeres todas de mi país y de mi raza".

En 1939, José Gorostiza seguiría, con su carbunclo, la huella de la silva barroca para levantar el poderoso edificio de *Muerte sin fin* (un poema "a todo volumen": Jaime Sabines), descrito infelizmente por Alfonso Reyes, en ocasión académica, como "nuestro *Cementerio aldeano*".

El mismo Reyes fue precursor del gongorismo español de 1927 y descrito por Dámaso Alonso, en una dedicatoria de 1950, como "cabeza de todos los gongoristas de hoy", perfil que corresponde más a la cronología que a una verdadera primacía o principalidad; ya entonces ésta pertenecía con plenitud al propio Alonso.

Tres. Anotaciones como las anteriores querrían convertir en "amenas narraciones geográficas", o en estampas vivaces, capítulos esenciales de la poesía mexicana o de la poesía española en su apartado mexicano... o de la poesía universal en las peculiaridades estilemáticas de un sector americano de una de las principales lenguas neolatinas ("española o castellana": Covarrubias, 1611).

Historia y geografía, contexto y bioépica, ideaciones y

socioengramas… Si hiciéramos a un lado todo esto, quedaría la aparente (muy, muy aparente) perogrullada que resuena desde el salón de clases: "El objeto *principal* de los estudios literarios *es el texto literario*", es decir, el poema. Perogrullada no, sino provocación directa a los contextualizadores, a los historicistas, a los multiculturalistas, a cualquier tendencia o escuela que no ponga en el centro de esos estudios el texto literario, el poema. (Obsérvese que en la perogrullada se habla de "objeto *principal*", no único ni mucho menos exclusivo.)

Una anotación de Juan Goytisolo recogida por Luis Vicente de Aguinaga en su libro *Lámpara de mano* zanja, con tino y gracia insuperables, el viejo y orteguiano asunto de las generaciones, reduciéndolo al absurdo: ¿a quién en sus cabales se le ocurriría considerar a San Juan de la Cruz como un poeta eminente de la generación de 1575? De Aguinaga redondea de esta manera: "si generación hay, no será en todo caso tan importante como el artista que la distinga, y éste a menudo parecerá muy próximo de otros que nada compartirán con él en edad ni en fechas memorables".

Un libro como este anuario —colección de lo que el año 2005 recogió en varias revistas— quiere mostrar los textos, ofrecerlos a la lectura, defenderlos en su mismidad escritural, sin sacrificarlos a la manía "representativista" en ningún caso: poesía de jóvenes, poesía de mujeres, poesía de provincia, poesía de tal o cual generación. La consigna podría ser sencilla, diamantina y clara (quiero decir, clara para quien quiera entenderla): *de vuelta a los textos*. No otra cosa quiere este libro: que los poemas sean leídos.

Cuatro. En el prólogo al *Anuario de poesía mexicana 2004*, Tedi López Mills explicó el propósito de estos volúmenes antológicos (el segundo de ellos, este mismo, autoriza ya el uso del plural): pasar revista a las revistas, revisarlas con una atenta conciencia selectiva, para escoger, en el espacio paradigmáticamente efímero de sus páginas, los mejores poemas en ellas aparecidos; es decir: examinar críticamente el pulso vivo e inmediato de la producción poética al trasluz de las publicaciones periódicas de nuestro país.

En el *Anuario 2004* quedaron establecidas, entonces, las reglas del juego. Ahora este juego, correspondiente a 2005, continúa felizmente, gracias al apoyo del Fondo de Cultura Económica. Aspiramos a construir una curiosa biblioteca poética: un acervo flotante e intensamente móvil, como si estuviera hecho de materiales dúctiles y portátiles, fácilmente desmontables. Una de las reglas del *Anuario* desmonta fatalmente, casi diríase de manera automática, el contenido de estos libros: la exigencia de que los poemas aquí publicados no hayan sido incluidos en libros hasta la aparición de la antología; después de este momento, muchas de las piezas escogidas irán a los volúmenes de los que forman parte orgánica.

Cinco. La pureza doctrinaria no le viene bien a la poesía. O mejor dicho: le viene de perlas a quienes quieren para la poesía el predominio no tanto de sus ideas sino de sus programas.

No importa si se trata de un realista-socialista de viejo cuño (no hay otros) o de un defensor a ultranza de las vanguardias, esos extraños tiraderos de cachivaches (trolebuses, telégrafos, dirigibles, buques trasatlánticos), los doctrinarios de siempre o de la última hora quieren la exclusividad poética: no hay más ruta, dicen, que la suya. Así está bien, y en alguna forma esos personajes son necesarios: son protagonistas del debate constante. Pero no tienen más razón que su cerrazón dogmática.

Y sin embargo hay un programa en cada poema, una intención que se cumple o se decepciona: una imagen inicial, un impulso prosódico que nace con la primera o las primeras palabras de un poema. Ese programa diminuto, efímero, frágil y poderoso al mismo tiempo ("nothing which we are to perceive in this world equals / the power of your intense fragility"), esta emanación de una inquietud verbal, no busca una verdad –a menos que se trate de una "verdad inventada", propósito final de la creación poética, según Xavier Villaurrutia– ni ofrece instrumentos para la enmienda personal o para la redención de la sociedad; apenas nos ayuda a vivir con cierta sobriedad en la soledad de nuestra mente, como dice, en uno de sus pasajes afortunados, el profesor Harold Bloom.

Seis. Uno de los elementos irreductibles de la escritura poética es –sigue siendo– el verso. Atacado desde el frente vanguardista, el verso se ha convertido en una especie de extraño y paradójico bastión de las modulaciones tradicionales o clásicas de la composición poética.

Una cita de Gottfried Benn quizás ayude a entender esta perduración o resistencia del verso en la poesía moderna: "Quien ama las estrofas ama también las catástrofes. Quien es partidario de las estatuas debe ser también partidario de las ruinas". Descubierta en un libro de Roberto Calasso *(Los cuarenta y nueve escalones),* y luego, sospechosamente, en otros sitios y hasta en crónicas de rock, pone a estrofas y catástrofes lado a lado, de un modo, al parecer, irresistible, y también misterioso. Examinada de cerca, esta cita tiene un sentido muy rico y sugerente.

En español hay una leve pérdida en la forma de este pasaje, que afecta la intención de Benn: la palabra "estrofa" no está al final de la palabra "catástrofe", como sucede en alemán (y en inglés y francés); pero el sentido etimológico, el peso semántico de las intenciones de Benn es el mismo: lo *estrófico* y lo *cata(e)strófico* indican aquello que vuelve, el regreso de un pulso verbal rítmico o de una calamidad que periódica o regularmente todo lo hunde, lo abisma en la destrucción, en la ruina, lo transforma en escombros.

Las estrofas y las catástrofes vuelven, regresan, cíclicamente —y hasta con fatalidad— se producen, pero todo esto lo hacen mucho mejor los versos y de una manera todavía más diáfana. Para la etimología, el verso —como las estrofas y las catástrofes de Benn— es aquello que vuelve, quizás porque, pascalianamente —de ahí su textura paradójica—, nunca se ha ido. Las consecuencias son enormes para el horizonte literario; deberían ser motivo de estudio, de reflexión, aunque no lo son. Según Quintiliano *(Institución oratoria), versare* quiere decir "meditar, reflexionar, examinar"; no nada más el orador necesita ser un hombre "versado" en aquello de lo que va a ocuparse en su discurso, sino que el poeta moderno tiene como uno de sus modelos la persistente figura del *poeta doctus*, de la cual Goethe es dechado y paradigma. (Los herederos de Goethe en nuestros ámbitos: Alfonso Reyes, Jorge Luis Borges, José Lezama Lima, y una figura excéntrica: Gerardo Deniz.)

La rima y el metro sufrieron otro destino; pero también vuelven, en estrofas y formas fijas; los sonetos nunca se han ido del todo: vuelven cíclicamente. Uno de los *founding fathers* de la vanguardia latinoamericana, Oliverio Girondo, escribió nada menos que en octavas reales —el metro de Ariosto, de Ercilla, del *Polifemo* gongorino—, pero en estrofas astutamente disimuladas, algunos de sus pasajes más conocidos, tema estudiado con rigor por Pablo Lombó.

Todo esto significa que el arco tendido entre los siglos de oro y el modernismo es aún el "cóncavo de los cielos" para los poetas del siglo XXI, no importa de qué edad o condición: de Ludwig Zeller a un concursante de la revista *Punto de Partida*, de un vanguardista a un octosilabista, el verso sigue siendo el principal factor constructivo de las composiciones poéticas, como puede descubrirse sin mayor esfuerzo, simplemente hojeándolo, en este libro.

La mayoría de los poemas del *Anuario de poesía mexicana 2005* están escritos en verso. Cuál sea el sentido de esa perduración, de esa resistencia, es un asunto que rebasa los límites de este prólogo. Señalo, empero, que, en mi conjetura —en mi respuesta a esa pregunta implícita—, por lo menos los poetas quieren que sus textos sean leídos como poesía: una vez vistos, al solo golpe de mirada, la forma del verso le anuncia al lector lo que le espera. Pero eso es nada más una respuesta mínima.

Siete. Una antología configura una tradición y más que convertirla en institución proporciona las claves para entenderla en su desarrollo, en su historicidad y en sus especificidades: la antología codifica la tradición, de acuerdo con las valoraciones del seleccionador y prologuista. Debe tener autoridad: ésta proviene de la seguridad, la firmeza, el aplomo del juicio que la sustenta. No aspiro a otra cosa, por eso, que a haber sido capaz de escoger con tino los poemas que aparecen entre las tapas de este volumen para volver legible una tradición cercanísima (la de la poesía mexicana aparecida en revistas a lo largo de un año) y para hacer de este libro una pieza de literatura valiosa, interesante, expresiva y, a final de cuentas, capaz de darse legiblemente a los lectores como una serie de visiones originales.

He aquí, pues, en este libro, unas cuantas decenas de poemas para dar testimonio en 2006 de un gajo sincrónico (el año 2005); para documentar la microhistoria o crónica minúscula (doce solos, diacrónicos meses en su secuencia, abolida por el orden alfabético) de un género literario en un país determinado, tal y como aparece en sus revistas, leído y examinado con una mirada constructiva de sinopsis y antología.

Te queda a ti, lector curioso, juzgar lo que ha quedado de valor en esta labor de criba y de crítica práctica, de ordenación y de mirada panorámica.

DAVID HUERTA
Ciudad de México, abril de 2006

Luis Vicente de Aguinaga

DOS COCHES

Entre dos coches
acaso mal estacionados, o bien, o no me importa,
paso apenas, ladeándome,
y alcanzo el otro lado de la calle
al alcanzarte a ti, que me llamabas
desde que no había coches, o calles, o no tendría por qué
    importarnos.

Dos coches. Bien o mal
habrá quien los encienda, los conduzca,
se deje conducir sobre sus ruedas
y llegue aquí, diciéndose: "Llegamos".
                          Uno y otro
llegaron tal vez juntos, juntos
habrán salido de la misma casa
o se habrán desprendido, hace un millón de años,
de un mismo hierro primigenio.
Por eso tan reunidos.

Por eso, junto a ti,
sin calle, o sí, o ya no me importa,
espero que no dejes de llamarme.

[La Manzana.]

Dante Alejandro

LA NOCHE

Noche de mis adentros, noche afuera...
JULES SUPERVILLE

Yo conozco la ciudad y sus gatos
turba que ronronea
y eleva espectros al mediar la noche.

Conozco el animalero mártir de azoteas, bares y callejones.

He sabido, por costumbre, dónde lamen su frontera
su proclama de malvivientes
anacoretas e indóciles mininos.

La ciudad y sus gatos parecen un sol en exilio a horas
	enfermas
lluvia huérfana, de aliento larguísimo.

Soy de los insurrectos y no me acongoja:

un dardo, una parábola en el perfil inexacto de la sombra
conozco la ciudad a sus cuatro vientos
y en sus muertes cotidianas
el malabar de un canalla, de un clandestino

las rutas que llevan a los amatorios y al patíbulo
el murmullo de la fábrica, el muladar
y esa música reverenda que deshilacha bebedores.

Esta noche, como las tantas, sé de mí tantas cosas
y del amanecer ni un gozne.

Que nadie amasije en su palma la ciudad como yo
sus penetrantes uñas de vapor de sodio
y la marrullería descalza que habita en la penumbra
y me mira y me engatuza.

[Tragaluz.]

Aurelio Asiain

SÍLABA SECRETA

Para Fernanda Solórzano

La tenía en la punta de la lengua
y en los labios levísimos temblando

desasida en qué cielos como nube
dispersándose hablando no sé qué

mientras yo la impulsaba con un soplo
del tacto por las sábanas azules

y una canción que no recuerdo
como la luz llegaba de la sala.

[Revista de la Universidad de México.]

Rowena Bali

FACHA

Dimos
gracias a los desaparecidos
por el tiempo
que no estuvieron

Sumamos un gran número
de malhechores
haciendo fechorías
bajo la fachada de la noche,
lejos de aquella masa
de menos y de mases.

[Cultura Urbana.]

LA FLOR DE LOTO
Y EL HOMBRE DE LOS DOCE BRAZOS

La unión se decide ¿en los brazos entrelazados,
los labios o los genitales?
¿El pensamiento
o los ritmos del corazón?

Diez brazos extendidos y ondulantes
exhiben cetros, dones y atributos
en abundancia
y los dos restantes de sus doce
los cruza frente a sí
conteniendo a la amada
entre ellos y el pecho.

Ella aletea, pálida, entregada
si no ida.

Las tres diosas ancestrales
de la contrición y el desenfreno
les hablan al oído una tras otra, atropelladamente
hasta aturdirlos.

Ajorcas, pendientes, pulseras y gargantillas
campanillean a lo largo de ella
en sus espasmos.

Las piernas de él se yerguen sobre el piso
donde yacen los despojos envenenados de los dragones
que les arrebataban la patria del coito.

Las piernas en alto de ella vuelan una suave agilidad de
    muslos.

El sol detrás
logra un verde inconmensurable
y roza los tatuajes más bien pequeños
que roban ciertos músculos en ella
para ejecutar su danza autónoma
exacerbada.

El secreto final está en la paz ligera pero firme
que los contiene y habita
como el aire en que volaron
y en definitiva, el aire que respiran.

[Alforja.]

José Luis Bobadilla

frena el coche
            hay luna
                        fogatas
recuerda
es noche de san juan...

camina el monte
            los surcos secos
                        siente la sed

lluvia
es lo que falta...

después junta hierba
            ramas
reconoce la piedra
                        colócala ahí
contra el viento
y pide un ocote ardiente...

estás en un hermoso lugar
            en la hora del rito
en la necesidad común

siéntate

        espera…

un hombre
un fuego
una estación…

[La Tempestad.]

Mario Bojórquez

NAUFRAGIO EN GLÁPHIRAS

I

Si tu mano delgada, copo de nieve ardiendo
Entrara por mi ropa, desenlazara ardiente todo artificio
    y nuevo
Fruto fuera mi carne para tu mano y flecha
Tu lengua en mi costado

Si tan sólo tus ojos
Dijeran barco, anuncio
Nube al borde del cielo, sargazo en la marea
Volvería en caracol para sonar las playas
Que no ves
Volvería
Como espuma en la orilla
Alimento de nácar que se oye sin hablar

Si tu mano, tus ojos
El agua que golpea en el muelle lejano
Me tomara mirando como a un tierno molusco
Y ya lejos la concha

Su pulpa amedrentada en tus dientes saciando
Su litigio de espera

Si tus ojos
tu mano
Racimo de ciruelos
Tensada la correa de mi barca en la dársena
Al vaivén de tus horas
Para subir a bordo

Si yo fuera tu pulso
La vista que aguzada coloca el horizonte
A tus pies, si yo fuera
En la serena gavia
El de la voz en cuello:
"¡Tierra a la vista, tierra! Hemos llegado, al fin".

II

Entro en tu cuerpo, acoso de hierba maldecida
Lamo previo el deseo, de saberte intocada
De predecir ansioso el néctar de tu cuello.
Soy yo el que te persigue en la profunda fronda
Sin ojos y sin manos
El que se sabe bestia de hirsuta pelambrera
Qué ácida orina marca su territorio infecto.
Quisiera darte flores y te doy un bramido.

Y tú la delicada
La imperceptible sombra
La esbelta flor de flores que perfuma a su paso

El aire descuidado
¡Qué peligro mis dedos para tu tallo dulce!

Voy abriendo veredas en el boscoso espino
Que ha tundido mi cuerpo
Deja señas mi sangre en las enhiestas púas
Mi costado conserva estigmas de su ardor.
Yo soy el que penetra
El que excava, el que muerde
Y cómo lo lamento.

[Blanco Móvil.]

DISCOVERY CHANNEL

1

En Cocachacra, Antonio abría una zanja frente a su casa
 cuando asomaron de la tierra dos cadáveres.
Envueltos en el mismo sudario, sus ropas eran casi
  iguales;
   habían sido enterrados cara a cara, en un apresurado
   ritual, puesto que se libraba una guerra, y las
   balas no se detienen, ni hieren menos a los vivos
   cuando se dedican a sus muertos.
Hace cien años el lugar había sido un campo de batalla.
  Los minerales del subsuelo momificaron los
  cuerpos.
Los científicos ignoran la causa exacta de la muerte.
  Llaman a las momias "El soldado y su rabona",
  pues éste era el nombre de las mujeres que
  peleaban la guerra —y es como ser soldadera
  muy al sur, tan al sur que el nombre se pierde,
  pero no tanto que el destino sea otro—.
En Cocachacra, dos soldados se miraron cien años a los
  ojos —espejos negros multiplicando la muerte—.
En Cocachacra, Antonio explicó a arqueólogos y

periodistas cómo se cavan las zanjas en su
pueblo, una y otra vez, las zanjas de su pueblo.
Un día cavará otra fosa, esperando encontrar tan
sólo el camino que el agua habrá de recorrer
para entrar a su casa por primera vez.

2

Su cuerpo jamás tendrá nombre.
Fue borrado.
Era hijo del rey
y conspiró con su madre
para matarlo.

Tres mil años después
su momia fue encontrada, oculta, en El valle de los
Reyes.
El carbono 14,
la interpretación de lenguas muertas,
las tomografías,
el tarot, los dados
y las últimas apuestas
indican que después de arrojar una mamba
en los sueños de su padre
fue descubierto y ejecutado
junto a la esposa infiel.

Su momia conserva todos los órganos.
Su cuerpo no fue embalsamado.
No cubría su rostro una máscara mortuoria
—que es como decir

que entró sin rostro al Más Allá,
cargando un cuerpo mortal que se consume,
huésped clandestino de la eternidad de otro,
escuchando la sentencia del sumo sacerdote,
que el eco de la tumba repetía
como si desde una caverna se pronunciaran cada vez
estas palabras:

"Incinerad sus restos,
esparcid sus cenizas
por los senderos
para que los asnos las pisen
por los siglos."

[Oráculo.]

Coral Bracho

TOCA SU FONDO Y SE REMUEVE

Una ola de luz densa, de fuego intacto.
Una corriente, un viento suave
que todo incita, que todo abrasa
y desata, que todo acendra
a sus líneas íntimas. Un pleamar la cascada
que abisma el sol (su constelado
desprenderse, su gozoso,
sostenido
caer, su ígnea raigambre
de cristales: abriendo surcos, abriendo estelas,
vadeando, irguiéndose). La hondura se abre
en la superficie: Todo el océano y la calma
en que se acuna, todo ese ardiente espesor de arena,
de barbecho, de sal, toca su fondo
y se remueve.

[Tierra Prometida.]

Víctor Cabrera

TERCERA CAÍDA

> *La lucha libre: vuelo de aves nocturnas*
> *que pueblan de misterio el firmamento.*
> PEDRO *el Mago* SEPTIÉN

Hay un grito que acompaña siempre al vuelo:

el grito que
—diríase—
celebra
menos el lance
más la contingencia
del cuerpo allí caído
sudorante:

despojo arrebatado a la violencia
y expuesto al escrutinio de las voces
que injuriosas castigan
la rudeza
la impiedad
la mala leche:

moneda de pobres arrojada
a cambio de la afrenta
y la derrota...

de un puñado de lacia cabellera.

[Alforja.]

Víctor Manuel Cárdenas

CUANDO CAIGA EL SILENCIO

Despedida a Francisco Cervantes,
con versos suyos

I

Cuando caiga el silencio como una enorme roca
Si me fuera dado pediría
Lluvia que se respira muy menuda
La superficie desplazable de la arena
Brazos, manos
Tu luz en un agudo de cuerdas —ioh, poesía!—
La húmeda invasión de árboles y plantas
Los ojos abiertos a todo lo evocado
      y nunca sucedido
Cenizas que se levantan buscando
      locamente el infinito
Todos los signos del placer sin huella
      o culpa alguna
            para cantar
Sentir que se ha vivido
De ojos semejantes a mi hermoso sueño

II

Porque yo no elegí
Se escribe lo que se siente
No seré yo quien lo entienda
Establezco mi canto
Pero antes de regresar a las tinieblas
Dame, señor, piedad para mí mismo.

[Tierra Adentro.]

Adolfo Castañón

VEINTE NOMBRES ANTIGUOS DE LAS CALLES
DE MÉXICO PARA CELEBRAR EL XX ANIVERSARIO
DE *BLANCO MÓVIL*

Calle de las Arrepentidas.
Calle de la Carnicería.
Calle de los Profesos de la Compañía.
Calle del Colegio de las Doncellas.
Calle de San Homobono.
Calle del Hospital de Nuestra Señora.
Calles de Iztapalapan.
Calle de Machuitlapilca.
Calle de los Monasterios.
Calle de los Oidores.
Calle del Puente del Diablo.
Calle de Nuestra Señora del Rosario.
Calle del Vinagre.
Calles de la Aduana Vieja.
Calle de la Buena Muerte.
Calle de la Cerca de Santo Domingo.
Calle del Colegio de Cristo.
Calle de la Encarnación.
Calle de la Cerrada de la Misericordia.

Calle de la Perpetua.
Calles de San Felipe de Jesús.
Calle de los Sepulcros de Santo Domingo.

[Blanco Móvil.]

Silvia Eugenia Castillero

RÍO SENA

Qué antiguas calles en las aguas lúcidas del río
de ellas brotan barcas, espejismos, diferentes formas del
    recuerdo
camino y me hundo en las aguas azuladas, como piel de
    tigre
manchada de luces, en la ciudad el río fluye
camino y me hundo
entre muros de agua, las líneas olvidadas
son nervaduras de algún nicho oculto.

Fosforescente el cielo se comba
pero la luz crecida al borde
es piedra que gime
raíz enredada al tiempo.

Camino y me hundo
los puentes alargan su desmesura,
trastocan el relieve del pasado.
Regreso siglos hasta mirar
al agua tallar mi propia historia.

Allí nacen los cerros
y una lumbre con vetas de obsidiana:

vaguedades de muslos y senos
quemándose en otra piel.

Como plantas espinosas
sobre los cuerpos en el remoto valle,
ahora la borrasca llega en arenoso frío.

El recuerdo quebrado se hunde
templo invertido, inaccesible.
Y sólo queda este caminar de canoa
sobre las nervaduras del tiempo.

[Tierra Adentro.]

Rocío Cerón

CELEBRACIÓN PALMÍPEDA

A mi estómago poco le importa la inmortalidad.
HEINRICH HEINE

El deleite de hervir en cuerpo propio
    y desnudar la lengua
A los favores del fogón y sus alientos
Para asistir a la impronta del milagro
Y ser testigo de la divinidad recóndita
Guardada en el ceño de la comisura.

Afinca la gloria en el paladar y el olfato:
Los misterios gnósticos, órficos,
Distan de ser razón y cumplimiento
Tiento acaso de la verdad última por acercarse
    al paraíso.

Frente a mí los delantales han volado
Lloro de tristeza cual galgo amputado de su orgullo
Por hincarle el diente sin letargo ni andadura
A este pedazo de cielo que se vierte entre mi plato.
Oh corazón fallido el amor no es placer alguno
Sino alcancía vacua y deshuesadero de nostalgias.

Yo me levanto y brindo por el hallazgo de este Pato a la
    Frambuesa
Que Ovidio hubiera muerto y remuerto de haber probado
    en ocasión alguna.

París, abril de 2004

[Letras Libres.]

VENTAL

1

Sigo al viento. Su capa larga es lo que sigo. Logro alcanzarlo. Voy tras él desde que la tarde apenas empezaba. Tiene rato que venía siguiendo al viento hasta que ya me ofrece su palabra.

La bebo, y seguimos —ventales— sin rumbo a la vista.

2

Ahora voy con el viento. Ya no soy perseguidor, en sus aletazos voy —vamos quise decir—, sí, vamos atrás de la tarde y la lluvia es solamente una palabra que vuela entre nosotros.

Vamos el viento y yo como agua y río, transparentes por esta patria verde del verano.

3

Vamos en la marcha y ventolera, y cuando juntos pasamos por el río de mi infancia, el viento se detiene y, con reverencia, me ofrece otra palabra. La llevo a mi pecho y tiembla la palabra hasta quedarse conmigo y seguir la suave marcha, aunque el viento de nuevo me lleve ventaja.

Mientras lo sigo, vuelve hacia mí los ojos claros el viento, y le pregunto precavido por cuál desviación debemos ir. Él señala el camino del polvo, y hacia allá nos dirigimos.

A nuestra llegada, como una bestia, él se levanta a recibirnos; frágiles como aves de la levedad, por todas las aristas del polvo, vamos a perdernos, y los ojos —el viento y yo— ya hemos cerrado.

4

En la tarde el viento y yo nos hemos borrado. No estamos ya como lo que fuimos: perseguidor y perseguido. No tenemos sombra, ni hálito queda de nosotros.

No hay nada, y nada va ni vuelve ni se queda; ahora somos voz, testigos, ruido que fue, ánimas por donde pudo filtrarse la noche desolada de este jueves inmenso.

5

Adentro de mí el viento es nada.
En su corazón no hay nadie.
¿Quién baja por la sangre que me queda?
¿Qué es lo que en la grande ausencia silba
                    contra el viento opuesto?
¿Qué es lo que canta con voz torcida en la ausencia
        que la tarde extiende sobre sus manteles verdes?
¿De qué lado del bosque han caído los árboles?

La noche es un plantío, un manglar, una mano extendida
    en el
agua que la noche amargó sin más remedio.
¿Y esa planta que se dice a tientas,
        dónde fue plantada, por qué manos
                la dejaron crecer para que detenga al viento?

Vuelan las piedras, si unos ojos
      miran de cerca el polvo en
            que el viento y yo nos hemos transformado.

[Tierra Adentro.]

46

Jair Cortés

MI DESTINO

Mi destino: plato vacío   la puerta abierta
no la culpa
        no la vergüenza
no el arrepentimiento que arrastran los muertos hasta la
    tumba

La navaja es mi palabra   y me hablo de frente para
                                irme en gajos

Soy este cortar sin reposo
mi esencia es una herida que lastima

Y con el filo de la desgracia en la boca / voy cortando /
    aquello que nombro.

[Blanco Móvil.]

Iván Cruz

GILGAMESH REDIME A ENKIDÚ

[Humbaba maldice a Gilgamesh y a Enkidú]
¡Qué ninguno de los dos llegue a viejo,
y que por su amigo, Gilgamesh,
Enkidú no obtenga salvación!
                                        Gilgamesh

Yo, el más famoso de los reyes,
hombre de sudor y de estirpe
que abrí los pasos de la montaña,
que erigí los baluartes de Uruk
morada de Ishtar;
yo, verdugo de Humbaba
que alcancé los confines de la tierra
en busca de la vida;
yo, Gilgamesh, amigo de Enkidú,
hoy, solitario y enfermo, vuelvo al barro.

Pido a los dioses
que mis pasos merezcan el olvido,
que mi nombre sea polvo y dispersión,
que la gente de Uruk
no llore ni se lamente por mí,
que no haya duelo,

que no haya luto,
antes bien que el pueblo esté gozoso;
pero que mi amigo, a quien tanto amé,
perdure en el mañana de los hombres
bajo estos muros de ladrillo cocido
que ningún rey en el pasado
ni ningún hombre en el futuro igualará.

[Punto de Partida.]

Antonio Deltoro

UN SOLTERO Y UN GATO

No sabe cuándo le pedirán que se vaya
y piensa que el propietario
es un inquilino
de otro propietario
más alto,
al que también le pedirán
el departamento...
y en el delirio,
piensa,
igualando destinos,
que Dios también
es un inquilino
al que le solicitarán,
tarde o temprano,
que se vaya
y maúlla el gato
y lo deja entrar
como se deja entrar
a la belleza
en una habitación,
en la costumbre,
le abre apenas
y se desliza

por los pliegues,
inalcanzable para el alma,
delicioso
para el tacto y la vista:
de su corazón
responde la bruma,
de su columna vertebral
la electricidad del rayo
y la precisión del mediodía.
Ahora lo tiene
en su balcón:
un lujo
ante el vacío,
droga nocturna,
llave de lucidez
en el cerebro,
hamaca y taquicardia.

[Letras Libres.]

José María Espinasa

EL AGUJERO DEL CALCETÍN

Me he puesto tantas veces calcetines con agujeros que llegué a pensar que los fabricaban ya con los huecos, pero los ejercicios de contemplación, antes de ponérmelos, en mi mano, como si algo me dijeran, ya puestos, mudos, me hizo ver que no, que no hay posibilidades de hacerlos en serie.

* * *

Nunca nos ponemos un calcetín con el mismo agujero.

(Heráclito)

* * *

Los agujeros son como heridas viejas, que han dejado de sangrar pero que no cicatrizan, fósiles del dolor que baja por las venas y se fuga —allí en donde los calcetines se han vuelto parte del cuerpo.

* * *

El calcetin tiene esquemas de comportamiento: el dedal es parte de la historia y el presente es el dedo gordo.

* * *

Un agujero en el dedo chiquito es una anomalía, pero no despierta ternura sino tristeza, o más bien: amargura. A la pequeñez se suma lo pequeño: detestable sombra de Pulgarcito.

* * *

Se lee el poso del café y el fondo del iris. ¿Por qué no el agujero del calcetín? Porque siempre tiene algo de pequeña tragedia, de desastre por venir e irremediable, ya ocurrió antes de suceder.

* * *

El calcetín se descose y —ahora, hoy— ya no admite remiendo. Nunca podría ser el trabajo de Penélope.

* * *

El pie escapa a sus orígenes: huye de sí mismo en cada paso, pero no alcanza nunca —algo se ha perdido— la dignidad de la huella.

[Estudios.]

Jorge Esquinca

COSAS VISTAS EN UN PAPIRO EGIPCIO

Imán

No hay cuerpo, recuérdalo. En el núcleo generador de todo conocimiento reside esta antigua enseñanza. Lo que se manifiesta es el flujo sin principio ni término de lo deseante. El cuerpo es su avatar, su encarnación momentánea. Mira entonces la piedra que te ofrezco como un concentrado enjambre, como un pulido espejo.

Sándalo

El árbol es su aroma. Así como el humo delicado se disuelve en el aire de la estancia, lo deseante que fluye sin término y principio modula las facciones de lo amado. El cuerpo es inasible, su dilución es permanencia; su encarnación está más allá del tiempo y de tu mano. El perfume te traspasa con su andar sigiloso, con su durar a tientas en lo oscuro.

Ala de cuervo

El color de la noche abierta sobre la noche: lo que miran tus ojos en el cuerpo de lo amado. Y lo que en él se despliega es entonces un dilatado cintilar. Lo deseante, en su lejanía, se vuelve próximo. Eco, reverberación de puntos luminosos en la madeja ciega. Así como cae la noche en la noche, cae la pupila de tus ojos en lo que fluye sin término y principio.

Datura

La planta hinca sus dientes en el limo del sueño. De su tallo áspero brota la flor desgarbada que te ofrezco. En su blandura incitante, en su calcinada palidez se resuelve lo amado. Así el cuerpo, emanado del sueño, tiembla por un instante y vive el simulacro de su vida prestada. Mastica tú entonces esta flor, anula en su misma raíz el cuerpo que te ofrece lo deseante: hinca tus dientes en el limo de la nada.

Rueda

En su círculo, en su rodar sobre una tierra precaria, la rueda se afirma y se desprende. Así lo deseante convoca al cuerpo, lo conduce, rotación falaz de miembros mutables. Gira la rueda: "mundo que me habita como un soplo", "casa de todos y de nadie". Un cuerpo vuelve, sin principio ni término. Así te lo muestro. Cuerpo como una verdad frente a las palabras, ante la rueda que traza ilegibles signos en

la arena y cuyo centro –vacío– dicta el rostro invisible de
lo amado.

Conjuro

Que me resuelva, que me disuelva, que me contenga
que me guarde, que me calme, que me apague
que me hunda, que me diluya, que me huya
que me diga, que me pida, que me dé vida
que me honre, que me tome, que me transforme.

[Tierra Adentro.]

Omar Fabián

El día es menor en luz que la simiente del sauce
Trozado por la crecida del río.
Abajo, más abajo aún del pie, se puede escuchar la brida
Y el sendero de la piedra. Siembra la gota el ciervo a su
    paso
Y no se convierte en un presagio, sino en recuerdo del
    agua apresurada.

Conviene a mi corazón decir que ya no hay luz,
Y que la fuerza ha tenido una temporada baja.
Estoy sin moverme, apenas escuchando.
No he sido el bosque ni su luz,
Pero si hubiera sido, habría perseguido
No menos cosas que el ciervo, o el quetzal
Borrado entre las hojas de su nombre.

Vengo a mirar el río
Y su manga mayor se sacude a todos los seres desde las
    rocas.
Hay algo velado por la brizna blanca, agua quebrada
Primitiva que nunca ha sido ante nuestros ojos.

Los animales miran a un tiempo y saben
Mejor que yo esta verdad.

Único y anciano,
Habla.

[Luna Zeta.]

Luis Felipe Fabre

CARTEL

Para Demián Flores Cortés

Tesis: el Ocelote Jiménez: 86 kg., 1.75 mts., técnico.
Antítesis: el Dr. Abismo: 89 kg., 1.78 mts., rudo.

Síntesis: dos luchadores que se anudan no son una
        síntesis:
es una llave: el abrazo
del oso invertido: ¡lona!

Hipótesis: después
de perder la máscara optó por perder
el resto en pulquerías y cabaretes de quinta: qué cliché:

el Ocelote Jiménez: un fotograbado anónimo
impreso en un papel de olvido: un cartel
en la barda leprosa.

[Reverso.]

Jorge Fernández Granados

LOS ORANTES

citados por esa pista que despacio
se planta un día en el corazón
y ese corazón crece entonces como un árbol
peregrinos
en la ruta de su añeja esperanza
donde no se pone el sol
citados
sólo citados a presentir
la cera de la fe

una estrecha estancia de madera en el fondo de la noche
donde oyen
lo que dispone lo dispuesto oyen
el argumento difícil disperso de la gracia
oyen cómo en la puntual
brújula del alma ocurre al fin con sencillez ocurre
cualquier día irreversible de los días de su vida
la cita
la murmurada cita
en la que escuchan fluir la melodía
sobre la espalda tensa de la tierra
y casi finamente la oyen ir la oyen

como en su pecho al corazón de la costumbre y
    enmudecen
íntima mínimamente sí
lo escuchan

en esa comunión están solos y sin embargo juntos
una oración antigua una oración
debajo del atareado silencio de las cosas
juntan las manos verbo adviento la oración
es agua que fluye por su pecho es oquedad
aquietada cuerpo adentro es el fervor
puesto en lo oscuro de la boca

y fue sólo un fruto su corazón
pero un fruto que un día comenzó
a soñar la integridad del árbol

[Reverso.]

Malva Flores

A QUIÉN SABE QUÉ CIELO

Qué trabajo
                    semilla
para volver aquí
              acaso florecida
buscando el sitio preciso
para empezar de nuevo
otro ascenso de ramas
a quién sabe qué cielo

Bajo las mismas nubes
                    cerca del mismo río
                    y de la piedra lisa
                            abres de nueva cuenta
esa costra rugosa
                    ¿naranjo o jacaranda?
                                            nunca roble.

Y qué vuelta de hojas
serán signo también de otro

verano, de otros nidos
quizá donde recueste el sol
la luz,
su abrevadero.

[Tierra Prometida.]

Marco Fonz de Tanya

PUNTOS DE RETORNO

Nos nace todavía
el quehacer cotidiano de la tarde.
El cuello se tuerce sobre tu hombro en primavera.
Se dispara el silencio en su curiosidad pura.
Nadie ve el brillo de lo inútil.
Se quitan las sandalias a la orilla del lago.
Había buenas muchachas en el viento
con su sexo de llovizna.
Había muchachos rojos como la ternura
con el fuego en las braguetas.
Seguíamos naciendo sin remedio.
Nada se rompió al voltear.
La sal ya estaba ahí.

[Luna Zeta.]

Tanya de Fonz

FRACASA AL JUGAR...

A Marco Fonz de Tanya

Fracasan al jugar con palabras
al describir que sólo cuanto diga
el dios hay que decir.
Sin género, el género acabó.
Llegó un jaguar y le mató.
Todo cuanto está dicho
ya se ha dicho.
Todo cuanto se ha dicho,
puede decirse.
Al Costado vive el Costado.

[Tierra Prometida.]

Glenn Gallardo

EL SILENCIO DEL ÍDOLO

Tú, antiguo trovador, o pastor de rebaños
que iban detrás de tus mágicas dulzainas
cuando empuñabas decidido el instrumento,
¿dónde quedó tu canto?
¿Se te secó el río de voz en la garganta?
¿Al fin el ruiseñor perdió el insomnio?
La musa te dejó a la vera del camino
triste y desamparado. Sólo hay en tu zurrón
vacíos papeles, y a todo aquél que pasa
le tiendes una mano suplicante
para que te recuerde, más que por un óbolo.

Si alguien te quiere oír, en un viejo gramófono
(estoy exagerando), tendrá que adivinar
debajo de los múltiples crujidos: voz, guitarra
y muy probablemente un lindo coro
de aquel antiguo paraíso que se hundió
bajo la capa polvorienta de tus discos.

¡Ah, pobre Cadigan! O, ¿cómo te llamabas?
A lo mejor no eres tan desdichado
por haber dejado de aullar. Y te aseguro
que nosotros tampoco. Pero en la variedad

de endechas que lanzabas a la luna
como un lobo estepario, recordamos
        alguna que entre todos te coreábamos
y qué decía más o menos: "Vida mía,
yo soy el canto redentor de los murciélagos
en estas noches llenas de fortuna".

¡Qué tiempos aquellos!

[Fractal.]

Salvador Gallardo Cabrera

PRIMER TABLERO

A Ernesto

Sin tiempo y sol blanco no hay amor bajo una línea de agua
Nada puede ser retenido: ni los trayectos ni las láminas de
    luz
Dos ojos color azul prolongan un cuerpo roto y puro
Nunca acaba el agua fría, la ortiga, la piedra de apedrear
El agua disuelta está en ningún sitio, vuelta al cielo
Ningún camino quebrado: es la tierra que gira y corta con
    su filo
El monstruo de la tierra, su ligera hacha lunar que ríe
Cuatrocientos ojos por rostro, desencajado de la geografía,
    invisible
Y tú, sin ciencia del arribo o del regreso: pájaro de lo
    desconocido
Entre las grúas rígidas de luz tras la mañana que no
    amanece
Si despertaras con los ojos vueltos hacia fuera —en la
    marea opuesta
Justo en la orilla de la vida desbordado tu poder terrenal
Las grúas te indicarían un trazo que no verás en la
    autopista
Franja blanca sobre trampa de agua

¿Cómo dura un camino en la tierra que corta?
—"Dura contra el dolor es la ruptura de todos los lazos"
La lluvia enreda tu auto contra la serenidad perfecta de la
  carretera
Y cómo estar en medio, a tu lado, donde no respondes
Buscar ahí la insistencia, abrazarte con la rapidez de un
  latido
Contra el dolor que nada dice, contra la mañana de la que
  no vuelves
Contra el brazo que cuelga a tu cuerpo por la sumisión
  terrestre
Ya no y aún no nunca más en las migraciones que nos
  rigen
Esto es todo, nada más ha quedado, nada puede
  recordarse todavía
Tengo por agua de navegación la memoria de los polos
Gotas blancas y pesadas sobre el parabrisas de un auto
Siempre adelante te pierdo si te recuerdo si no lo hago
  estoy perdido
El cielo acostado sobre la tierra, no hay luz, no puede
  levantarse la luz
Ráfagas de agua pulverizada al final de la línea
En el día más largo del hemisferio, ya termina, nunca
  terminará
El día sin la vibración de una salida nueva, un día herido
Sólo quien se alcanza a sí mismo puede soltar todos los
  lazos
Sólo el amor atraviesa sus propios límites
Así un guijarro flota en geoda de lluvia lejana
Es el sol que abre bajo la línea de agua o rompe una
  puerta en T

Sus rayos la fuente luminosa tu brazo la aguja del
   cuadrante
Escribe en el desierto del suelo las rayas de sombra
Un pájaro intercepta y canta esa escritura muda, jamás
   anulada
Para todo trayecto mantiene oculto su principio y su final
Bajo tu brazo el sol abre 180 grados respecto del ala del
   pájaro
Crece en silencio, vuela sin historia, afirma, hacia delante
Luego cae, se ahoga, indica un trazo que no viste en la
   autopista
De uno de sus destellos de cercana lejanía saco de ahí la
   insistencia

Te sé separado de la vida pero no de lo que vivirá
Cesen las luces y el agua y el veneno del sol muerto

[Revista de la Universidad de México.]

Inti García Santamaría

LA PLAYA

Todas las estrellas
son estrellas
fugaces.

Estas arañas veloces
son cangrejos malaquitas.

¿Reconoces a Cáncer en el cielo?
Todos los mapas cambian.

Los brillos de sal
sobre nuestros cuerpos oscuros
son estrellas
fugaces.

[Letras Libres.]

Rocío González

LUNACERO
(Fragmentos)

Daremos a Sofía su letra matinal,
intransferible como el lugar que habita
Sofía es una ele en mi lengua.
Va libando mis lágrimas
y todos los líquidos que me conforman,
va licuando mis vísceras en su reloj
que ya no mide el tiempo sino el olvido.
La miro lamer con lentitud mi lucidez.
mi lomo, mis lindezas, mi locura
y levitar libidinosa, delicuescente
sobre un instante que perdió su límite.

Sofía descompuso los relojes y se nos vino encima la
    eternidad,
con sus demonios y sus grillos y sus lágrimas gordas y
    toda su pereza.
Sofía me deletrea y se equivoca,
está ebria y pregunta por mí, y nadie, ni siquiera la luna,
    le responde.

El cristal que la cubre me refracta. *Me estoy volviendo otro,*
    Sofía, no me dejes aquí.
Y canta, ajena a su eternidad, joven para siempre, como
    un hermoso tigre disecado
Está ebria y pregunta, se equivoca, deletrea la eternidad,
me estoy volviendo otro, Sofía, no me dejes aquí...

[Blanco Móvil.]

Julián Herbert

ÓNIX

Miedo de tanta señal
echada en una sola piedra.
La claridad del limbo,
la turbiedad del mapa,
el engarzado imperio de una esfera
acuchillada por sus vetas.

Imperfecta señal, si se quiere, pero
miedo: pardo y translúcido tú
pegado como tú a un resto de cuero,
el ónix como adorno; roca
de agua y aceite; una semilla
de cristal astillado en la dureza
de la luz —su más hondo mineral.

Miedo de la señal,
pero no de la cosa (echada,
en sí, como a un lago de viento,
como a una pradera sin gravedad:
duerme mirándose ciega, ojo
de la extraviada y muda
pureza material): miedo
de su ocasión de talismán

—cáscara de un símbolo,
runa en la garganta,
lámpara amputada a un alba
mórbida—, su voz como de tribu en celo,
la pátina caníbal de su tacto en el pecho.

Un espejo de la primera hoguera. Un dije
del que vienen todos los muertos. Miedo
de tanta señal.

[Voz Otra.]

Francisco Hernández

COPLAS PARA EL POETICA FRANCISCO CERVANTES
(AUNQUE SÉ QUE NO LE HUBIERAN HECHO
NINGUNA GRACIA)

> *Gavião, gavião branco,*
> *vai ferido e vai voando.*
> Cancioneiro de Juromenha

1

Lo recuerdo mal trajeado
en las cantinas del centro.
Vivió siempre enamorado
de Portugal, y su encuentro
con la tristeza del fado
lo embriagó por fuera y dentro.

2

Era blando el corazón
deste infante lisboeta.
Pero odiaba con pasión
inmensamente indiscreta,
a todo aquel moscardón
que se dijese poeta.

3

No era vampiro Cervantes
ni dormía en un ataúd.
Sus ojos eran transplantes
con iris de juventud
y si soñaba diamantes,
lo hacía como Robin Hood.

4

Salió del Cosmos un día
y al cosmos por fin regresa.
Desde algún lugar espía
a su Dama Portuguesa,
ya que por su juglaría
amar supo con fineza.

5

En tierras cartageneras
se le recuerda jovial.
En Brasil lloran santeras
y por Galicia, en costal,
guardan risas altaneras
del buen Cervantes Vidal.

6

Herido va el gavilán,
herido pasa volando.
Mañana lo extrañarán
quienes lo andan descifrando,
mas por el viento sabrán
que en silencio está cantando.

Enero de 2005

[Tierra Adentro.]

Julio Hubard

TRATADO DE HERMANDAD

Dejo a mi hermano andar por propia cuenta al llamado
    del diablo. Soy de la estirpe de Caín, ¿qué puedo
    hacer...?
Al cabo, ya sabemos que no quedan muchos
    descendientes de la pobre línea del pobre Abel.
Porque son los dispuestos a morir, y mueren pronto y casi
    siempre jóvenes. Parecieran afectos a sangrar.
La historia omite, sin embargo, el modo en que los
    abelitas envejecen. No es cosa digna de verse.
Una bondad supina los mantiene lozanos muchos años.
    De pronto, un mal día, su hermosa piel sin manchas
    comienza a dar de sí,
comienzan a sobrar por fuera, a faltar por dentro, parece
    que les haya huido el ser del cuerpo.
Es el rencor. Ellos a ellos mismos, por dentro se van como
    royendo. Y envilecen.
Tanta bondad guardada. Y mansedumbre. Sus bestias
    quedan sin resguardo ni corral. Se vuelven fieras, es
    decir
las que domaron y ellos mismos, entre los huesos y la piel,
    porque el ser les huye. Y envilecen.
Aprenden pronto a maldecir y a codiciar. Perdido su rebaño,
    aman las armas, la milicia. Aman mandar y obedecer.

Les dura la bondad lo que las fuerzas de sus piernas y el
   humo catarral del sacrificio, si es que asciende.
Después se debilitan. ¿Le dije que envilecen? Pierden
   vigor, dejan de hundir la hoja del cuchillo entre las
   carnes de la bestia
y la asfixian. Que Dios me perdone, pero los he visto alzar
   chivos ya muertos de la carretera.
Pero el humo ya no les asciende, y cunde un tufo agrio y
   dulce. Como el rencor.

[Letras Libres.]

Eduardo Hurtado

LA MESA

Ya estaba ahí, desde la sombra
de los tiempos,
a la sazón enhiesta y contenida.
Atalaya, viga frágil del sueño.

Para poner caudal (infusiones, manjares)
el hombre la volvió hacia el horizonte.
Bajo el soto tupido,
la línea simultánea de la mesa.

Cae un árbol:
de cada hoja
            una balsa
—y los caminos del exilio;
de cada rama
            los pájaros
—un linaje y el río;
del tronco oblicuo
            la mesa
—y el dispendio del mar.
El paso alterno,
garrapatear los signos

que narran el origen o la historia
(prosa:poesía),

pide un esquema
con tinta y con gavetas,
una mina de hierro,
una galaxia.

Pero la mesa:
estatuaria, cordial,
sus arquitectos
le amputaron la cola y el hocico.
Se le puede malear,
orientarla de envés, patas arriba:
en cualquier caso
preserva su lealtad
al suelo
y los guisados.
Ante la ingravidez de las manzanas
ella aporta materia y sedimento,
el prodigio compacto.
Se inscribe y se sostiene
orgánica, obsequiosa,
con la televisión a cuestas.
Es durable, verdad,
pero no eterna:
se apaga un día

como la madre y los repollos,
como un astro difunto
que ya sin ser
                    chispea

[Letras Libres.]

Eduardo Langagne

BELLEZA PURA
(Poema à brasileira)

Vinicius dice:
Que me perdonen las muy feas
Pero la belleza es fundamental.
Bandeira piensa:
Qué bueno ha de ser que nos guste una fea.

Yo creo todo lo que dicen mis poetas.

Conviví de muchacho con una brasileña muy delgada,
tenía en sus costillas un sonido metálico de berimbau
y en él tocaba aires nordestinos que me hacían danzar.
Mis amigos dicen que era fea,
pero juntos celebramos un carnaval nocturno
entregados al placer y al desprejuicio.

Estuve cerca de una muchacha con rostro de ángel,
hablaba suave tal el rumor del viento entre las nubes,
sus alas eran el camino al paraíso. Sus piernas.
Mis amigos dicen que era hermosa;
compartía conmigo su paisaje
y explorábamos el cielo durante largas jornadas jubilosas.

No voy a discutir con mis poetas.
Pero en estos años no me importan
los conceptos de belleza
del mundo occidental. La estética
de las revistas. La moda y la magia
de los cirujanos plásticos.

Para el poeta encanecido
no es fácil afirmar si una mujer es fea o hermosa.
¿Quién podría desentrañarlo?

Para quien ya alcanzó medio siglo de vida
no hay dudas,
disyuntivas
o decisiones prescindibles y drásticas:

A mi edad,
si una mujer tiene treinta años es hermosa.

[Cultura Urbana.]

José Ángel Leyva

LOS BOSQUES DE ALISEDA

Caen las hojas
encienden las sombras de los ojos
Un rumor de sol crepita y mueve
los párpados naranjas del otoño
Caen lanzas doradas sobre el cuerpo
de un árbol vencido a la mitad del bosque

Cae la tarde y el pincel arrastra
hacia el blanco los tonos grises de una nube
Oscurece el paisaje y la pupila brilla
en el pastel ardiente de los árboles
El viento barre los ocres del camino

Caen las hojas de papel
La bruma y el resuello ascienden
por ramas que entretejen
el árbol bronquial de los pulmones
El campo deja ver sus ruidos grises
y el verde es verde aunque se apague

También el hombre es árbol
Genealógico y verbal se ramifica

echa raíces frutos y semillas
        insemina el aire

Árbol que escribe en la corteza y en la fronda
las mismas cosas que pasan por las ramas del cerebro
los mismos signos que hacen a la sangre savia
y a la imagen papel a semejanza nuestra

Caen las hojas y el color aviva
la bruma del recuerdo y los aromas
Las arboledas marchan en legiones
de manchas rumores y destellos.

[Blanco Móvil.]

Pura López Colomé

ACASO BORNEO

… debo ser tu guía y quien te lleve
desde este sitio humilde hasta otro eterno…
DANTE, "El Infierno", Canto I*

Desde la madreperla de cualquier nombre
que va escorando, apuntalando
a uno entre muchos semejantes,
se abre un túnel
de insondable apariencia,
y el atisbo
de su equivalente equidistante.
No su igual.

Digo
anturio o astromelia
y se enciende alguna flor
de un infernal color de rosa
y otra de pétalos rayados
sobre fondo sin fin;
floresta,
y emerge

* Traducción del capitán general Juan de la Pezuela, conde de Cheste.

88

el siglo de oro,
su modo de bautizar
un bosque *ameno*.
Algo me secretea:
si cantaras en letanía
el entrevero de aquel huerto infantil,
caimito, nance, zaramullo, chinalima,
resonarían selvas interiores.

*

En nada de esto pensabas tú
en compañía del príncipe indonesio.

Lo innombrable
te mantuvo
a distancia, en reverencia.

Iba en busca de su niña,
natural de esos paisajes
como él mismo o su prosapia,
tanto así
que no podía extraviarse nunca
entre, cabe, sobre, cerca, a orillas de
aquellos manantiales, remolinos
como la palma de su mano.

Su vida,
filial apego a cierta geografía,
te mantuvo
lejos. No demasiado.
No para impedir que a ti llegara

el aullido animal
del instrumento de aliento
de un corazón
que lo ha perdido todo.

Sollozaba el hombre
el monarca
el padre
ante un cadáver infantil
en la ribera.
La maleza, la maleza, la maleza
no lograba ensordecer la pena:

los nombres escondidos
en el milenario juncal
comenzaron a danzar
al ritmo de las lluvias
torrenciales, cadenciosas,
vueltos plegaria volátil
cuerpo inconsútil
endecha
que se eleva al polo norte
o a la Antártida en invierno,
rezumando entre las miles de maneras
de distinguir, en este mundo,
un color blanco de otro:
un color nieve tierna
uno para el frío de varios meses
albo superlativo
un color hielo a punto
todo tan sí mismo como caluroso el verde
al otro lado, al sur de las fronteras,

el verde intenso, verde sólo planta o malaquita
musgo en la piedra, en el acantilado,
breña o tupido matorral
qué más da
y el que denota, connota, anota
un palidecer, un carecer, un prescindir
de tintes y matices poco a poco
hasta que la saciedad de la nada
para ser más adelante
llamarada amarilla o color naranja
fuego frutal
neozelandés
o de un Borneo no imaginario
de latitud malaya
alcanzable
con un grito. Un desgarramiento real.

Aguas unas y otras.
De caudaloso y nemoroso afluente
o de témpano diluido.
La misma historia.
Las mismas lágrimas
de alegría
de lamento
de afán
de escurrirse uno entero
por la piel, desde los poros y hasta el suelo,
quedar seco y luego
prolongarse entre la tierra,
reconocer la *sangre de mi sangre*
hasta la locura
o su equivalente equidistante.

De verbo en verbo
de selva en selva
de polo en polo
de tú a tú...
En lengua *ngaju,*
se entiende,
por sabido
se calla.

Un dolor borroso, indefinido
te mantuvo
en vilo
en este globo
con un pie en cada hemisferio.
Tan absurdo cual humano.
Tan humano cual divino.
Tan sitio humilde como eterno.

[M. Museos de México y del Mundo.]

Elva Macías

LA NIÑA QUE ODIABA EL BETABEL*

A mi amiga María Luisa
no le gusta el betabel
y mucha gente le guisa
distintos platos con él,
para ver si la convencen
de que lo debe comer.

Estudiosa por costumbre,
muchos libros consultó:
Betarraga es en Europa,
en el sur es remolacha
y en varias formas se come,
investigó esta muchacha.

Ya, del tubérculo aquél,
no tiene ninguna duda:
no le gusta el betabel.

Y María Luisa en la tienda,
cuando va por su mandado,
nunca compra betabel.

---

*Este poema fue escrito en honor de la escritora Maria Luisa Puga, admiradora de los niños escritores y repudiadora, como muchos de ellos, del betabel.

No dudo que así lo entienda:
pues la mira muy morado,
y malencarado, él.

[Tragaluz.]

Juan José Macías

VENDRÁ HÖLDERLIN

*Si viniera,/ si viniera un hombre,/ si viniera
un hombre al mundo, hoy, con/ la barba* de
luz/ de los patriarcas [...]
PAUL CELAN, *Tubinga,* enero

Hölderlin, cuya palabra hacía emerger a los dioses de la
    transparencia,
y que parecía habitar desde siempre una región extraña,
si viene, vendrá con Heidegger, el filósofo que velaba por
    advertir su voz;
esa voz que supo perfeccionar la insuperable lejanía.

Si viene Hölderlin, volverán los guardianes de las añejas
    leyendas de los bosques.
Si viene Hölderlin, todos reconocerán a su regreso el
    antiguo saber.
Si viene Hölderlin, si viene, la poesía recobrará su corazón
    urgente.

EMILIE

El corazón en el pecho no puede olvidar
lo inmortal; ¡mira!, a menudo un genio
benigno logra reunir a los que se aman...
        FRIEDERICH HÖLDERLIN,
        Emilie vor ihrem Brauttag

I

He estado con Emilie en el bosque esta tarde,
paseando por el sendero que narra en sus epístolas a Clara.

Ahí se abrían sus palabras para que todo acaeciera; ahí su voz
como un caudal de agua fugitiva,

ahí sus labios separados como para el amor
hacían del tiempo y del deseo un presente insostenible.

II

Oh, pero Emilie, yo estaba ahí donde usted era el bosque,
el sendero que juzgaba no conocer cercanía alguna
(en arreglo quizá con sus más lejanos pensamientos).

Usted era los altos árboles de boscaje amueblados
y el atardecer que subsistía un poco más que el fragante
        presentimiento de la dicha.
Un paraje en la campiña, Emilie, en donde consumaban sus
        nupcias los viajantes.

Y Emilie (es decir, "la que emula") ¿vendrá a su boda
    Hölderlin?
Si viene —como refiere Horacio [Épodo XVI]—,
acudirán las cabras sin dominio a la ordeña,
y habrá frutos de las más variadas cosechas de la tierra sin
    arar
y la viña no podada donará las uvas para el más dulce de
    los vinos
y aun se extraerá la miel de las secas colmenas.

Si viene Hölderlin, si viene, podré entonces mostrar a
    usted mi corazón,
acostumbrado como el suyo al cielo libre, Emilie.

Horacio

Esta mañana el frescor insistía en la amistad de la lumbre,
y en el adobo de las calientes habas *consanguíneas de*
    Pitágoras.

Pero ya retiro los secos sarmientos del tronco de los viejos
    álamos,
ya contemplo pacer el rebaño en el angosto valle;
ora esquilo las flacas ovejas,
ora ordeño las reacias antílopes.
Así, únicamente, con estas faenas olvido
el gasto del amor que excede a mis vendimias.

Canta, oh, poeta, los loores de la piedad y acoge mis
    quejumbres,
reducidas, Horacio, a que mi ingenio engorde,
o que mi alma reavive en las albúminas. Y sólo eso,
    Horacio, amigo.

IV

He ido de caza y he traído exquisitas pieles para usted,
    con el único aguardo de sobre ellas poder amarla un día.
Júzgueme impertinente si usted quiere.

(¿Me permite referirle cómo se comportaban las ancestras
    damas, Emilie;
qué espíritu libertino recién desvanecidas se insinuaba en
    su cuerpo;
qué privanzas concedían, bañadas por los efluvios del
    deseoso verano?)

No me doblegó el enorme oso que arrienda en los
    apriscos,
como no me ha atemperado ningún rey iracundo de los
    dioses del cielo
ni envenenado el cólquico que más hace a la esperanza
    inexorable.

He endurecido el espíritu contra el bronce y el hierro
y sólo usted, tan delicada y frágil, lo quebranta. Ya lo ve
    usted, Emilie,
cómo el más tenue perfume de las rosas, provoca a las
    abejas irascibles.

Nupcias

> *El vino aclara la mirada y agudiza el oído.*
> CHARLES BAUDELAIRE

Porque no querrías imaginarte la primera accesión genital
de la recién casada,
te establecerás esta noche en tu regio oratorio,
y escucharás romanzas del siglo XIX,
y soñarás con las ancestras damas que abrigaban
con escapularios los pechos nutritivos.

Providente, busca y conserva. Tendrá su boda
la de piel de azucena, la del himen seguro,
y concederá al padre el primer vals. —Él,
que tiene por liturgia deslizar en la oreja de los hijos
un profundo proverbio,
entregará a la novia envuelta en muselina.

Esta noche, y no otra,
se dará carne de cerdo a los maltrechos caminantes,
y se pondrán a remojar en vino
los más obscenos pensamientos. Habrá música. Y el novio,
buen jumento por lo que atañe al sexo,
pondrá a prueba sus virtudes ingénitas
de ambidiestro deshollinador de oráculos.

Alguien caminará entretanto por la arena de plata
de los sueños lunares. Alguien temerá por un momento
los diablos consejos de las viudas. Alguien, también,
callará la antigua costumbre del derecho de pernada,
y tal vez espere a que el esposo ausente.

99

Providente, recoge y atesora: hallarás algo acaso,
un guarismo, digamos, un designio,
confundido con la primera micción cargada
de esputos conyugales de la novia, y la delgada orina de la
    virgen.

V

Largo es el tiempo, más deviene el verdadero.
Y Emilie, viene Hölderlin,
y se mantienen sobre las godas catedrales las altas luces
    instantáneas,
y algo tiene de canto el nuevo reino,
y algo de gratitud con el tono fundamental de la promesa.

Y Emilie, no renuncie a escribir,
asegure un destino por el nombre a lo que evoca
y que *ninguna cosa sea donde falta la palabra.*
Sólo la poesía pervive en tiempos de penuria.
Sólo los poetas en un tiempo sin dioses arriesgan un decir.
Largo es el tiempo, mas usted no debería apartarse de su
    empeño.
Continúe escribiendo a su buena y fiel amiga Clara
(tan en otra época visitada por el dios del lenguaje),
y háblele de Hölderlin que viene, ya podrá comprobarlo,
del brazo de los héroes que hicieron de este siglo
un tiempo sin monarcas.

[Fractal.]

Francisco Magaña

PALMERAS

El pájaro trae en sus alas
un descanso que alivia las ausencias

Nadie se acuerda de la noche de párpados abiertos
ni del asombro de sus propios desvaríos

aunque una mano cruza el horizonte
como luz que empaña la oscurana

Abandona mi padre su sepulcro
y el cuerpo es voz que canta entre las venas

Debe haber palmeras
en los ojos de Dios esta mañana

[Luvina.]

EL RONRONEO DE LOS CAMALEONES
ERRANTES

I

Fiero desierto:
deja intactos mis rebaños lánguidos,
mis matorrales que viento
y sombra buscan, mi corazón
que silba en alguna orilla, avaro
de tumultuosa niebla.
Crecerá sin pausa
gemelo de mí
sin dones que agradecer
salvo la pobreza de las flores.
Fiero desierto:
no te lleves los cisnes de su sexo,
sus cabellos donde aprendí a honrar la noche,
la mitad de su nombre.
Sé indolente:
déjame amar, si quieres,
de sus discordias,
sus aguas quietas.

II

Al pie de las ciudades frías
declaro que no soy feliz.
Que temo los umbrales airados del mar.
Que jamás he visto sin usura
tus senos mugidores de exprimida miel.
Que me oculto del amor
hacia acá del trueno.
Que he saqueado tumbas de cipreses funerarios.
Que ardo en medio de tus manos
igual que un lobo obsceno.
La jauría del polvo me acosa. Inmóvil quedo
y desnudo como una casa hostil
quedo
como una turba lapidaria.

III

Los trenes regalo amistoso
del alma eran. Una estirpe sonora
se apresta tras los rotos pabellones
de las ciudades frías. Es abril
pero anónimos por nadie llorados escucho
a los Tigres del Norte
que mi ánimo conocen. En tiempos favorables
escondí el olvido en el bozo de tus axilas
que en el quemor de las piedras
flota. Un púrpura rosal ahora no tengo.
Tengo en mi huerto una hiedra que hace lucir
tu recogido pelo. Un ansia de cordero

donde celebra el fuego su ir en buscar lo disipado. Ya
el soplo de la polvareda nido hace. En otra parte
abril es un nardo opulento que vive en casa abastecida.
Devuélveme mis días ágiles. Las inscripciones hechas
en las copas de los naranjos. Mi tierra inhabitable
donde acampan inquietos pueblos. Mi feliz
auspicio cercano a la hoguera bélica
de tu vientre donde germina la prole feroz
de los que parten.

[Blanco Móvil.]

Eduardo Milán

EL SALTO DEL TIGRE COMO METÁFORA

El salto del tigre como metáfora
de un desprendimiento de prosa
que salta a verso contra la adversidad
que está circunscribiendo, trazando un círculo.
Lince, tigre, león, saltan desde acá.
Protejo la palabra circo, al precioso
trofeo de mi infancia arrebatado a Roma:
en mi palabra no se come carne humana.
El círculo de la prosa va pasando en viaje inverso
por la arena imperial, un pasto para
la caballería del presente, memorioso pasto
para la caballería que lo pisa, ciega.
El paso del caballo es metáfora antigua,
una herramienta, un instrumento corroído
para el roído corazón de la metáfora —imagínate
una nuez, al corazón roído en su nuez—,
nadie creíble canta la victoria de aplastar
víctimas, nadie creíble canta la victoria,
no hay victoria: hay exterminio, letra muerta.
Técnica pobre, destiempo referido
a las actuales, ricas de aniquilamiento,
tanto que un tanque no de agua, no de oxígeno,
sí de guerra, israelí, otra vez

a volver masa, a deshacer como materia
para pasta que se reenvía a un amorfo,
informe origen donde amor, que tiene forma,
no cuenta, para que nada cuente –palestinos.
Salta el tigre, desprendimiento.

[Reverso.]

José Molina

EL VASO, EL UNIVERSO Y EL ABISMO

Para Lázaro
In memorian

Azul o cielo
avanza
      el mundo
sin ruido
      Imagen
entre una luz
      o la sombra
entre el margen
      y el silencio
de este día o
      el instante
de un abrazo o
      un árbol que
espera la noche

con el clamor agudo de los grillos que cincela
las estrellas

y la lluvia
      que amenaza

o el ave
            que atraviesa
o esta voz
            que se inserta
en el cuerpo
            para morir (con cinco letras)
                        y despertarnos
como ángel
como canto
como somos
            sólo
            espacio
            de sombras

[Luna Zeta.]

Jaime Moreno Villarreal

HAY TIEMPO*

Nada permanece, dice la escoba mientras
el polvo se eleva. La tierra está hecha de tierra,
ése es su esplendor. Yo trato de barrer en el
camino de volver a nacer. Consagrándome a lo
visible, apilo hojas, pero viene el aire de las eras
a barrer con todo. Sólo existe la respiración.
Soy la escoba, y no me acabo de saciar.

[M. Museos de México y del Mundo.]

* Manuel Álvarez Bravo tenía esta frase escrita en su cuarto oscuro.

Eduardo Mosches

LO QUE OCULTAN LAS CALLES

El tejido de araña delinea con delicadeza las calles
    palpitantes
rumbo a un centro amplio y abierto
colina aplanada en la que se reúnen los que conversan
    gritan despotrican
o simplemente se recuestan sobre piso y cobija
para no soñar solamente sino también desear cambiar
cubiertos por el tejido tibio de demandas y un niño
    mocoso
que crecerá en otras alturas y colores
recorrida su piel por las muescas profundas que dibuja el
    tiempo

Con parsimonia recorro las calles más allá del Palacio
en la noche se prenden las fogatas a espaldas del poder
huele a gris y conjuras
caminar sobre piedras que recubren otras piedras
labradas por el tiempo anterior de otros tiempos
respiran con la dificultad de la tragedia
enciendo un cigarrillo para sentirme acompañado
el humo asciende para adherirse a las sombras de las
    nubes
enrosca el silencio en la pátina de las paredes carcomidas

a esa hora en que los focos de autos dibujan luces en el
    espacio
mientras alguna campanada despierta a las palomas

La sangre se escurre entre los intersticios de los adoquines
alguna brizna de hierba tímidamente asoma
desafiante entre tanto ruido y poco oxígeno.
El sonido se escucha tenue en el amarronado eco de lo
    transcurrido.

Deambular percibiendo el latir de los otros templos
de las otras calles mientras el tráfico desfondado
    de autos
(relincha el caballo por el peso de la armadura)
ruge en su circular cotidiano mientras los vendedores
enredan sus palabras en el aire para seducir por instantes
el mercado renace en el latir descompasado de mujeres
caderas bambolean los instintos masculinos
alguien vocea los apetitos

Una cantina se encuentra más cercana a las raíces
las copas se trasiegan sin impaciencia
para encontrar un instante de huida
amparado en el líquido de los frutos y granos.

Los árboles son sólo un recuerdo
de los frontispicios de algunas casas
rozagantes y bien pintadas
penden los rostros de los diablos y algunos ángeles
asustados
regreso a las hojas del tiempo
una mirada de aquello que pasó y es parte del presente.

En este laberinto de ciudad
es posible encontrar el ombligo
el centro del cual partir hacia alguna salida.

[Cultura Urbana.]

Angelina Muñiz-Huberman

MAPA

una y otra vez repetido mapa en la escuela
papel calca y punteados lápices de colores
estuche de las mil maravillas de la infancia
navaja, plumillas, regla, compás, sacapuntas

en los pupitres olor de naranja y madera
luz del atardecer que se me escapa violenta
avidez por desentrañar un secreto más
toque de campana mata el sueño del saber
rotura del silencio, alboroto para el patio
empellones, desorden, una risa hiriente
división de los juegos, parejas que se forman
hora de los observadores y de los miedos

camino de regreso bordea el parque y el río
pareciera un mapa por todos conocido
hay calles escondidas que se me deslizan
hay un poste por el que se arrastran caracoles

está la fábrica con el enano a la puerta
su pesada cabeza se balancea en un hilo
vuela un globo de la mano desapercibida
rojo fuego de chimenea atizan los diablos

los diablos, los que parecen diablos y lo son

éste es el mapa que piso sobre la tierra.

[Alforja.]

Thelma Nava

EN EL LÍMITE

A Luis Ignacio Helguera
In memoriam

Justo al borde

no hay regreso

se rompieron las reglas

    no establecidas

cambio de juego

¿qué escucharon los silentes espejos?

¿acaso el grito

    el último

o sólo simplemente el resbalarse

contra un muro de tezontle?

Esa sombra invadiendo paulatina

los espacios del cuerpo.

No existieron invocaciones o blasfemias

sólo un desasosiego invasor

que rompió la mañana

o la tarde de la desesperanza.

15-16 de mayo de 2003

[Diturna.]

116

Mónica Nepote

PROSODIA DEL VINO

Alabanza y celebración se unen en la condición líquida.
Quizá porque desde la primera gota, en el perfume
fermentado, un dios terrestre imaginó libación y doncella
en un mismo odre. O porque los labios hundían el
misterio en la corriente bermellón o por el cuerpo blando
navegante en la dulzura.
¿Qué fue? La mirada transparente, el *sí* bailando de mano
en mano, los rostros del azar o el humo que acompañó el
canto de su gota. Al punto, los pies se deslizan por la
forma roja, en un salón pleno de espejos, hasta encontrar
el propio estupor y la belleza relativa. Los objetos flotan
nuevos en ese orden sin par. Hay un légamo y una nube
delicada se abre en ese sorbo.

[Tierra Adentro.]

117

Jorge Ortega

MILAGROS DE LA NORMALIDAD

Para Antonio Deltoro

Nada sucede, nada;
las horas se apeñuscan
en el cabo del día
como un racimo de uvas.

Tiempo replegado
dentro del caracol de la costumbre,
en el carrete abstracto
de las repeticiones.

De pronto el exabrupto
de un ave que no estaba en el programa
fosforesce con sus alas francas
el negativo de nuestra rutina.

En la Tasmania de los edificios
el deslumbrante vuelo de la suerte
—especie fugitiva—
tendiendo de un balcón a otro balcón
las cuerdas de la imagen inaudita.

[Reverso.]

118

Alejandro Ortiz González

ÁGAPE

apenas trazos de un guiso mayor,
las horas caen en pequeños gajos:
se estiran las cucharas en alborozo,
los cuchillos se afilan los unos contra
los otros, antes de comenzar la faena

sólo las horas avanzan progresivamente:
un proyectil de azules cruza la ventana,
duermen las ollas entre las alacenas en un sueño de barro

(tomo del aire sus frutos minerales y armo un modelo
*   flexible,*
un argumento dirigido al centro del poema, al corazón de
*   la sílaba)*

una alabanza para las calabazas en el hervor
de su chapoteo, que se recuerde a las berenjenas
por su disposición al fuego y a las melenas de los apios
por su resignación serena; que no se enjuicie a la
    zanahoria,
entregada a la hoja que la adelgaza: un minuto de silencio
por los jitomates, que se han fundido en el cocimiento

119

descubro que a la mañana le faltan
pájaros en vuelo: la ventana es una puerta
hacia el follaje, ni las hormigas se atreven
a perturbar el sueño

entiendo que entre el aire y las sombras
existe una amistad elemental, una complicidad
a la que no pertenezco:
entre palas y picos pasan las horas saciándose de tiempo

sobre la espalda de una tabla de madera,
ansiosa aguarda una ensalada
a que llegue la hora de la cena

se extingue entre carcajadas el agua de las calabazas:
no veo en el horizonte más que palabras

[Letras Libres.]

Abraham Ortiz Nahón

ANTES DE SER TOCADA

Me gustan los poemas breves
para pasar rápidamente de un horizonte a otro
como cuando me bifurco en tus senos
o arribo a los crecientes litorales de tu cuerpo
sin dejar que esperas inútiles
o vacilaciones
repriman esta fluidez convulsa
que te hace vibrar
como una cuerda
antes
de ser tocada por el polvo.

[Luna Zeta.]

Óscar de Pablo

CANCIÓN SEGUNDA
[hormiga hallada muerta en un tarro de miel]

Respuesta para Gabriela Aguileta

Cómo llegó ella ahí no me preocupa tanto
como el sentido mismo de su historia,
y me preguntó si halló placer o espanto
al comprenderse muerta en su victoria
¿Qué tan dulce es la gloria cuando te estás hundiendo?
Vencedora y perdida
en su frasco suicida,
me canso de mirarla y no la entiendo
Y me quedó pasmado.
A lo mejor la entiendo demasiado.

Canción sólo tú sabes si nuestra pobre hormiga
buscó la miel sabiéndola su muerte
o si en sus hondas suaves no la entendió enemiga
y sin querer selló su breve suerte.
—No, no. Quiso inmolarse
y perderse en la luz para encontrarse.

[Pliego 16.]

José Emilio Pacheco

BUDÍN DE PAN

En Santiago de Chile el budín de pan
Es mi madgalena de Proust que trae a la memoria
A mi abuela Emilia Abreu de Berny.
El budín de pan
Que atravesó los mares con la miseria de allá,
El postre más barato para endulzar
La vida que es dolor y destierro siempre.
El budín de pan, los frutos de sartén, la copa
    nevada,

Sabores abolidos.
Ya nunca volverán, como ella.

En cambio su otra herencia
No se aleja de mí: el placer
De leer y escuchar y mirar y contar historias.
Y las delicias infinitas del verso que,
A semejanza del budín de pan,
Recoge los desechos del día vivido
Y los transforma en otra cosa.

[Este País.]

123

Alberto Paredes

AMÉN
Para escuchar a Sœur Marie Keyrouz, SBC

1. MAGNIFICAT

Su voz es un ala
hermana Marie
pienso en un enorme albatros
hecho de pureza
suspendido como una vaga ola sin fin
por encima del mundo intocado

es el segundo día de la Creación
y su voz hermana Marie
es la Voz

muy abajo de ella
rueda un rumor de rocas masculinas
barro y fuego oscuros
propagándose
bañando de noche el planeta
para que la blanca voz
flote como luz y misterio
estamos en el cielo del mundo

hermana Marie
inexacto hablar de ángeles
es la carne hecha canto
la rosa virgen del oasis
que aunque muera
no se corromperá en polvo y mancilla
seguirá flotando
por encima de los siglos
de su estruendo vanidoso
convertida en sí misma
una azul bienaventuranza

miro la voz manifestándose
ella sola es la luz la rosa
y el perdón

cuando la escucho hermana Marie
todo en la tierra es Dios
y la pequeña voz humana
que antes fuera clamor y oficio de soledades
es hálito
levísimo fundiéndose
en la Voz

2. Miserere

Una llama de aceite
mi alma encendida
en pos de tus fuentes
Señor
Labios y pétalos

alentando un sueño
ondulando humildes
hacia un cielo de luz

Un susurro ilusionado
la llama terrena
como el afán de luciérnagas
o abejas minuciosas

Más alto no podrá ir
la flámula de sangre
anhela apenas un risco
de simas celestes
                              y cae

Exhala su sed
al mirar entre nubes de aire
y alas de luz lejana
el blanco jardín sin fin

Dános tu última señal
Señor
dános el cabo del pabilo
y será una estrella del Paraíso!

3. SALVE

Llena estás María
del Señor
sólo así el canto
el humano plancto

hecho con pobres sílabas y notas
con anhelo de luz y día
con tierra de lágrimas y penas
se hace voz

el Señor está en ti
cuando te escuchamos
María
eres aire
húmeda brisa del amanecer
entre los dátiles y olivos
te transparentas
y al desaparecer
nos perdemos contigo
desnudos de fatigas
olvidados en la ermita del canto
a la sombra del Espíritu

Plena eres María
no eres tú
es la Gracia

[Revista de la Universidad de México.]

Ámbar Past

LA SEÑORA DE UR

Soy el museo más viejo del mundo
y me acaban de saquear.
Han quemado mis libros.
Estrellaron mi cara contra el piso.
Soy la mujer en la foto
a quien apunta el fusil.
Estoy tirada en el suelo,
mis manos esposadas atrás.
Quieren
lo que nadie puede dar.
Alejandro Magno no ambicionó el petróleo.
Él alababa mis duraznos
cuando las huertas entre mis ríos
eran ya muy antiguas.
Soy el Jardín.
La primera mujer y el primer hombre.
Madre de la Escritura.
La primera ley.
La primera ciudad.
Soy el lugar a donde todos iban.
El alba y el punto de partida.
Yo inventé el pan.
Creé el trigo.

La lana, el vino, la miel.
Soy arco y bóveda.
Cera perdida de la fundición.
Canto de todos los cantos.
Yo era la Fe.
Soy todas las religiones.
En todas las guerras me han violado.
De mis senos arrebataron a mis hijos.
Estoy tirada en las baldosas.
Soy la Tierra.
Durante horas
desde que me desperté
he estado mirando
lo rojo de los mosaicos.
Ya me acuerdo de dónde soy.
Soy la sed en el viento
Oigo el eco de sus botas.

[Tierra Adentro.]

Carlos Pineda

POLVO QUE ANTES SALAMANDRA

Polvo que antes salamandra
y ahora agua fugitiva del cuenco momentáneo.

Pareciera querer que quien en calma le mira
buscara en su lisura ocasión para la fábula.

Mas es preciso el beber antes que puro hilo sea
y sólo quede luz, y después, nada.

[Periódico de Poesía.]

León Plascencia Ñol

HAY DEMASIADO NARANJA
EN ESA TARDE DE INVIERNO

P. ej.: ¿has visto el cuadro de Rothko
que vi aquella mañana? Saltaba demasiado el iris
por la luz.
Todo podía ser cierto. p.ej.: una carrera de caballos
    heridos, un desfile
de cuadros excesivos, un yonqui en Nueva York,
que no es lo mismo que un homeless en Madrás y esa
    rubia que
se contonea en el televisor enseñando sus piernas largas
    (modelo). Está dicho:
el naranja en el cuadro de Rothko, son múltiples
    naranjas
sobrepuestos, o mi mano en la madera y una astilla que
    cae
y cae
        en cámara lenta
al piso blanco. Aquí no ha pasado nada y hace frío.
Una naranja podría no ser una naranja
o:
    1) dos mujeres desnudas
    2) una imagen de Magritte
    3) el humo de un cigarro reseco

131

4) un poema de Lowell
5) una naranja

¿Tú has visto ese cuadro del que hablo?
Quizá lo soñé, pero estoy seguro que sucedió hace
    poco, en invierno,

antes de leer a Libertella.
El árbol de Saussure.
Esta perplejidad es la conciencia. El miedo ejerce de
    pastor, pero no sabes más de ti que
        un animal absorto sobre el agua.
Gamoneda.

[Oráculo.]

Claudia Posadas

LAPIS AUREA

A Jorge Eduardo Eielson

Opus nigrum la ciudad de piedra el lento limo de la furia la
acumulación de la intemperie

nigredo
La roca hierve en esta lava donde lo acordado se dispersa
     en rojo fuego
               rojo estrella
                        gigante roja
la almenara
su triste combustión de magma oculto magma indómito
rubledo en su derrotada manifestación los electrones giran
giran alrededor de un corazón incandescente la vorágine
sublimar o fusionar el odio hasta levarse las almenas alme-
nadas las murallas y el corazón estalle supernova el miedo
y nazca el alba
     albedo
una lámpara en vigilia es nunca más la ausencia
apagar su luz *para guardar la memoria secreta de la luz*
sean la gema y la heredad la gemación largamente medita-

da renacer es existir fuera de esta carne atravesando la niebla el velo y la materia

la materia su dolor su podredumbre su razón que no subsiste más allá Señor de lo invisible en tus moradas *Domine* donde no hay pensamiento ni luz ni oscuridad acaso otra forma de otra sangre sucesiva y simultánea en tus templos *Domine* más allá de estas cárceles esféricas cubiertas por sudarios de poder donde heridos somos desde el plasma hasta morir deshechos por el cáncer de este mundo todos muertos todos desde lo Uno hasta la nada más allá Señor de la constelación primera más allá

Credo, Domine, sed adjuva incredulitatem meam
Spero, Domine, sed vide afflictionem meam
Amo te Domine, sed dilata cor meum*

Dame el átomo atanor donde nazca otra sustancia y otras sean las células de nuestro nombre invisibles y fosfóricas aguas infinitas y lustrales santo *Arcanum* del que brota la conciencia que nos es debida santo Grial donde surge al fin la Advocación bajo la cual nos resguardamos bendito *Azoth* donde la rosa que es un Ser de Estrella y Ser un astro y emanar-permanecer como los astros uncidos en su propia aura todos entramados todos

---

* Las frases son tres exclamaciones que piden a Dios que las virtudes teologales (fe, esperanza y caridad) se manifiesten en la persona que exclama: "Creo, Señor, pero ayuda a mi incredulidad. / Espero, Señor, pero ve mi aflicción. / Te amo, Señor, pero ensancha mi corazón". [Traducción: P. Manuel Olimón Nolasco.]

En el corazón tan alto pulsa el oro un pulsar lumínico el
Castillo donde spira el orden constelado la ingravidez de
las palabras el sentido del espíritu la muerte de las máscaras la Resurrección en la Torre de Homenaje

Opus magnum la Ciudad dorada el lento limo de la gracia
ninguna acumulación de la intemperie bautismada en el
dolor acrisolado en Cristo el crisma de la fe decristaliza la
cristálida

[Tierra Prometida.]

Claudia Puente

EL ÚLTIMO PLANO PARA HALLAR PIEDRA

Conviva con la palabra lejana de su asiento
mire las arrugas del vestido
adivine su estado primitivo
déjese escrutar como a un pájaro
espíela en tarja, edén o charco
para que al invocar la piedra
aparezca debajo de la lengua
y llévela ahí secretamente sin decir
piedra es piedra —no se ría.
(No es la respetada piedra, ni la nativa
sino la que restó
si acaso la *piedra en la piedra,*
la que volvió a serlo
más o menos mineral y compacta
—no se rían—
más o menos materia
—antes
¿de sitio para niños expósitos?
—más
antes de los años pedernales
y del fuego
—menos
del Pedernal asegurado en el pie de gato

de las armas para que al disparar
chocara con el rastrillo y diese fuego.
—Por supuesto,
antes de hierro y cerio,
de los encendedores de bolsillo
de la sal, el azúcar, el carbón y la edad.
Antes, mucho antes de las calles.
Azufre, alumbre, granito, cuarzo.
Antes de afilar, fundar, molar.
Piedra ciega,
serena claridad.
Caliza apetencia
apagada al contacto del agua
desprendida.
Piedra luna, de las Amazonas
de escándalo, espuma de mar
piedra rayo, de toque, falsa
imán
ademán.
—Antes
            la que es difícil labrar
franca, meteórica, infernal
volcánica
peña viva
temible
volátil
la que llegó lejos
y se guardó en tierra.
Si acaso el jade que no imita al sol
y solloza aquel nítido recurso
de estrella zafia
con mil dagas

impacientes en destello.
—Silencio,
podrían hablar las piedras.
El jade ya no,
            regresó de amuleto
            a cuidar riñones.

La piedra

piedra
pie
hiedra
era.
Tallo
capacidad de fundamento,
mesura debajo del suelo)

Bien está la piedra en el agujero,
nombrarla debajo de la lengua
            hasta lodo y saliva
            significa olvidar.

[Oráculo.]

Blanca Luz Pulido

EL ÁNGEL DEL INCENDIO

Incandescente llega,
cruza,
abrasa invisibles territorios.

Vértigo dorado,
asciende siempre,
crepitando.

No sabremos jamás
de qué lado de la suerte
nos hiere su mirada,
y resistir es inútil,
como vano esperar
su aparición.

Se alejan los días
idénticos a nada,
se retiran las noches
desiertas de sí mismas,
caracolas vacías
de un dios ausente.

Y entonces surge,
y su luz nos aumenta
y nos devora.

Pero no te apartes,
no luches.
Entrégate a sus armas y claudica:

Una es su llama
y sólo en ella existes.

[Tierra Prometida.]

Andrés Ramírez

TAO DE MÍ

Vamos a no entender nada
de lo que aquí sucede

a pedirle al sentido que regrese
por donde vino.
y como llegó:
de la nada de ningún dios

a insinuar, no a decir
que nada tiene hondura
nada tiene precio
más alto
que subir
subir
para ni siquiera ver lo invisible.

[Cultura Urbana.]

Josué Ramírez

EL DESORDEN MANUSCRITO DE QUEVEDO

¡No si no fuera yo quien liberarse busca
y recuperado te encontrara en algún pasillo del metro;
acaso sin que reconozcas en mí la llama que tus desaires
　　　no extinguieron,
ni aceptases desatar cadenas y herir a esos buitres que
　　　forman una espiral
en el cielo azul al mediodía sobre de mi cabeza!

Fuentes de mala felicidad,
desierto que divide en prisión el ceño y la mirada en
　　　albedrío dubitativo.

Anduve perdido a pie diciendo de memoria el camino
que no lleva a ti es este sentimiento ciego
cuya forma errada la perturbación tutela.
Y en mi peregrinar por la urbe,
hallé al homicida debajo del aguacero,
estornudando,
mientras un fuego de hielo lo abrazaba consumiendo en
　　　horror su rostro insomne.
Huí, entre otros pasos, persuadido de que el amor nunca
　　　delinque
(si la pasión no estalla la exaltación de su fuerza)

aunque el dolor amaneciese desdibujando su sonrisa,
que es la imagen de la muerte en la belleza.

Algo gano al perder,
si no los rasgos míos, sí la naturaleza reconstruida de la
    libertad imposible
que los maltratos de lo real desmienten.
Una sonrisa, desde luego, faltaría
para que entre tus lágrimas creyera que, en tus palabras,
    al despedirte,
yo dejara de ser este asolado transeúnte
en la interminable avenida de los deseos frustrados.

Disfrazado de amigo,
sin confesar el desorden manuscrito de mi espíritu,
la trama intrincada en la que la vida se vuelve
un vivir invisible de desencuentros absurdos;
yo —la fantasía a mansalva en una razón constante de
    destrozos—,
pasaría de nuevo por la calle en la que está tu casa,
y silbaría, para que mi corazón no pene,
al ver que tú no te asomas al balcón,
a ese irrefutable paisaje de mi arquitectura inconclusa.

[Letras Libres.]

Julio Ramírez

SS

A la memoria de Severino Salazar

Eres, serás, algo que no teníamos.
Semilla, acaso, donde evitamos la última copa
y sí del día siguiente,
una sombrilla suave para el aire que arropa,
no a la muerte,
esa palabra absurda que vestimos con hielos,
vaso a vaso,
sin mayor calendario que la prisa.

Estábamos puntuales en el coro
y nadie despuntaba.

¿Por qué, entonces,
hay esa mala voluntad de tu parte?
¿Qué geometría en eso de morirse, nos enseñas?

El dolor es un truco absurdo del payaso sin risa
porque sus dientes se fueron al carajo.

Severo, Severino, entona esta ronda que nadie
quiere oír, busca a las piedras de tu pueblo

entre los árboles callados de agosto
cuando los vendavales son apenas bandoleros sin título.

Hay un trío cancionero que escucha lo que escribes.

[Molino de Letras.]

Raúl Renán

ROSALÍA DE CASTRO

Para José Bernárdez

Rosalina
de Santiago
de incógnitos
padres
venida,
por la
"soidade"
dolida, por tus
versos
encendida
en Santiago
Compostela.

Rosalía
de Castro,
Rosa, lía
el astro
y llévalo
contigo
a perdigar

luz
grana en
cada
verso
de tus
cantos
que llegan
solos
al leer
dicho el acento
"con son
da gaitiña".

Rosa,
el color
cómo suena
"a través
del follaje
perenne".

Tierna rosa
de tu galia
tu Galicia
duele hondo
pétalo
a pétalo
"non canta
que chora".

Rosa erguida
alas negras
se te
posa
no por ave
por sombra
ponerte
sola
"soledad
de los
suspiros
doliente".

Rosa canto
tus cantares
tienen mares
de dolor
de súplicas
a la España
por un buen "cor"
para gente
que parte
de su
Galicia.

Rosagali
galirosa
por la Galia

Galialicia
bien vale
Sufrila
que morirla
pesarosa
y olvidada.

[Casa del Tiempo.]

Carlos Ríos

LA RECEPCIÓN DE UNA FORMA

Ambiente esencial al sol. Aire botánico.
Una planta (hojas de agua) puntea un sobre
límite. Híbrido tallo corta-hielo, trayendo
otros elementos a la rastra tutela su estructura.
Iluminada nada, revés de mosaico o ropa
donde flotan carcazas que se entelan.

Platería leve entre signos de vidrio
en el moldeo del párpado que no se entrega
al sueño corriente del dolor.
Un perro masca hielo del hueso y participa
con su envarado cuerpo. Imán que no ladra
y no se gasta ante la imagen plena
del sólido polímero.

Neón en la plenitud del desmontarse,
otra iluminación y levísima lona. Débiles Formas
y Objetos Delgados, caños metálicos a la hora
del periódico o la sorda conjetura radial.
Tubos Líquidos. Un fantasma recorre el mundo.
Flujo de aire su costilla en el recurso de
componer vivienda, otra iluminación.

La estructura parece aun más leve
de lo que es. Lo religioso insufla una oración
que se forja a un paso más del hábito.
¿Vidrio o Metal? Perfiles Bajos en neón
sostenidos por un cielo que ni el ojo respalda.
A la vez, conduce la imagen misma por
un milagro entre la solidez.

Fértil el anuncio de la forma
ganándose un objeto al que me integro.
Ganapán de hielo, malherido, la garra
anónima postula "opera prima" del desgarro.
Guardia Blanca. La instrucción del acopio
sumida en la ausencia de valores.

Derrítase en la mano el sentido de la mano.
Si correr una cortina entre unas ramas secas
indica de una vez la proporción, alguien retira
su valor porque no es necesario. Para despedir
(o recíbase) lo que el vapor instalaría
requiere otro elemento alrededor
de esa estructura.

Todo tipo de material disponible llega
con el agua. Agua santa, su Medio Hilo
alza la red ante un filo de dicroicas
que exigen un falso examen de la vista.
La instalación incluye sombras de animales
ligeramente pictóricos. El daño en la voz
del Creador ha sido laminado, intenso:
impide borrar esos bocetos prehistóricos
que ahora aparecen numerados.

Forzado al retroceso de la forma se concentra
y pierde terreno, fuera de sí el lugar de la acción
se dispersa o pierde vigor. Arbusto fuera
de la técnica. Tan casual esta porción de oxígeno
que compacta en la antesala de la propiedad,
al instante desaparece.

Fuente de luz. 1968. La Forma Testigo
iglú conviértese en su objeto. Semiesfera
confirmando la procedencia estática luego
de un roce solitario. Objeto de la luz.
El plano se va por donde vino,
sin resistencias.

Si conecta los objetos a través
de la Luz de Neón, una Extraña Energía
sin utilidad elabora una simbolización difusa,
ambigua, disolvente, sin referencias
hacia atrás, y casi mística.
El movimiento de un río ante la herida,
disponible entre puentes.

Zun zun en la hojarasca. Adiós (se escapa)
a la clara geometría: estado. Un Arte Matérico
donde la pobreza nada, influye sobre su misma
proporción. Querer con lo que hay. Alma mía
que en tu mano surge como un trozo de loza.
Inacabado trapecio, Arena Movediza, contraste
sobre la calidad. Ábrase y adiós. Adiós.

Admiración. Modelo Equis y sus posibilidades
físicas, químicas y biológicas. Sustancia del evento

natural. Una reacción química nos haría ver la increíble
experiencia de los seres vivos. Nuestra sensible línea
de observación (émula de una informal trinchera)
va del amor al paso, los materiales industriales
en estado bruto. Quien descubre, muévase.

Objeto, escóndete. Y no vuelvas.
Fuera de esta cabeza que no se salvará.
Una playa de mármol encastra un material y luego
otro y su contrario y así. Desorden. Lucha. Tentación
por cubrirse en el perfil erosionado. Príncipe del espacio,
rastro formal, carácter, y a eso se llama variación.
Atraviesa dicho objeto hacia una zona y no es más
que otro ambiente, asumido de tal manera.

En principio, retorna aquella idea del orden
sin indicación aparente. Y sin testigos.
No queda rastro formal claro que pueda
acreditarse sin el modelo. Moldeo Efímero.
(Efímera efeméride y desaparición, K.)
El golpe, *autorun* en un callejón de obraje.
En tal emparejamiento la materia ondula,
crepita. Disuélvese.

Alguien destruye la madera para producir fuego.
Al mismo tiempo, ha conseguido prender al caucho
y arde, envuelto su procedimiento. Entendido
como proceso de facturación. Factura: faenar
un material. Apílase, ante el suministro de torsión.
Se dobla sin quebrarse. Ahora huelga.
A la manera de otro cuerpo, no renuncia.

Quietud. Armonía ya no de superficie.
Rigor y predominio de la síntesis cuando
ya no serán posibles operaciones aisladas.
Al tiempo que desborda y se perfora
en su relación con lo social, el argumento cede
lastre a una mecánica. El fluido marca el pulso
que arrastramos de un objeto anterior.

Si cada número surge de la suma de los dos
anteriores, con la vida "residente en el sistema"
no llegamos a dos. Al híbrido de insomnio actual
la tentación, en piedra. Ruptura de los marcos.
Quien permanece en el campo administra
una insalubre relación con el estilo.

Animales de una aristocracia que duda
aquel concepto de clase. Paisajes donde cada ser
dialoga ante una mesa bien servida. Ocupación.
Era Precámbrica del resto. Frágil pasaje, simples
materiales obsoletos o precarios atravesándose
tan cerca de lo cotidiano. Revelar con energía latente
estos elementos, sus potencialidades, y dejar.
Al mismo tiempo, y no en el mismo espacio.

Porque no se trata de la mera apropiación
para otorgar otro significado. Al terreno de lo estético,
el alambre de sus transformaciones. La misma
Desorientación Geométrica. Ah, pura proliferación.
Su diálogo con el contexto local. Un efecto de saldo
y remanente, por debajo, capacita sobre la vida.

[Crítica.]

154

José Luis Rivas

UN PUERTO ASÍ

Al Aduanero Rousseau (y al filósofo de igual apellido)
sin duda les habría encantado
un puerto así
con grupos de toninas patrullando
las barcas que surcaban la bocana y la red de esteros
que unían la albufera con el río,
con una dulce brisa marina por las tardes
metiéndose de lleno a las piezas del fondo de las casas
donde tintineaban cortinas de conchas y abalorios
(si presencias visibles o invisibles las trasponían),
con un bajo de arena descollando
cada verano en medio del río (donde las aguas, por cierto,
son bastante anchurosas).

Un pueblo así, a orillas de la mar Caribe,
o casi, con morenas muchachas bellas y bien formadas,
es un puerto pequeño que habla muy bien de sí mismo
pues en él todo responde como a una negra hechicera en
    trance.

Extática,
no de otro modo, es la experiencia natural de la infancia.
Arrobo que arrebata al individuo propio

mediante una profunda compenetración con todo,
restituyendo al mismo tiempo (¿a quién?) una inmensidad
    que se gana
tan sólo disolviendo en ella todo residuo de atadura
a un pasado,
a un nombre,
a la red que nos fija como a moscas insertas
en un proceso de estricto desecamiento
para servir de tasajo minúsculo en el ara de una omnívora
araña.
Perder peso,
perder forma entonces,
equivale a mudarse en fluente ligereza (que sigue su propio
    encuentro
a dondequiera que va).
    Es la circulación de las aguas que en su propio
torrente entrevén el circuito de un latir raudo,
luego tranquilo y, al cabo, en dicha reposado: todo en todo.

La tonina que traza su parábola en el estuario
bajo los últimos rayos
del sol que declina
es nuestro blasón.

[Crítica.]

156

Cristina Rivera Garza

LAS MUCHAS MENTIRAS DEL LUGAR

Me gustaba decir que era hermoso

(y lo hacía como si describiera a un hombre que describe a
una mujer)

bajo el crepúsculo de los adjetivos, mirando hacia todo lo
demás
el lugar era plácido, activo, veloz, sublime, amarillo, sonoro.

En tabernas de ciudades disímbolas el lugar era alegoría,
metáfora, ardiente comparación:
sustantivo entre sustantivos, cosa alcohólica y cierta. Cosa
rodeada de humo.

Dentro de cuartos perfectamente blancos, en letras silenciosas y desparpajadas esquinas, el
lugar se tornaba argumento, hipótesis, inmoral objeto de
estudio.

En noches sin dueño el lugar se volvía cuerpo bajo la llovi-
na, visión adolescente,
masturbatoria manía.

Había calles en que, sólo a ciertas horas y únicamente en
  las tierras altas, el lugar llegaba
como paréntesis, lapsus linguae, posdata entrometida.

En los pocos entrañables libros había párrafos que lo traían
  como enigma,
vocación, estilo.

Lo veía en todos lados: lo creaba en todos lados.

Pero sobre todo me gustaba decir que era hermoso

(y lo hacía como una mujer vuelta hombre enamorado de
  una mujer)

con los ojos abiertos como plazas y los huesos vacíos de
  gente.

Sin esperanza
dentro de la mansedumbre de una cierta católica fatalidad
  cruzada de zancudos

el lugar *era* hermoso

(o mejor dicho: el lugar era la indagación donde la palabra
  hermoso se arrastraba con sus diecinueve patas celestes)

entonces el ojo izquierdo hacía el guiño estipulado con la
  inclinación que produce el rimmel y el ajenjo

érase que se era

y el hombre vuelto mujer se adiestraba en los tres filos de
   la leyenda, los once picos de la maravilla

había una vez

un lugar hermoso porque era mío.

[Reverso.]

Víctor Rojas

Y que me esfuerce por nombrar los ríos los menos claros
donde no bebí ni me bañé protegiendo una dignidad
    fantasmal
un cuerpo deforme por los años una posición más o
    menos erguida
sintiendo un deber en los anillos las vestimentas ni ricas
    ni pobres
propias para andar entre caminos mal cuidados y
    polvorientos
sin recordarlos ninguno escuálidos arroyos donde las
    bestias se solazan
después de un largo caminar y sólo por un breve
    momento
y esos encandilados árboles semihundidos en el agua
y yo preguntando por sus nombres por la madre orificio
por la madre glaciar por las nieves primordiales
sin esperar respuestas para qué si voy de paso si en
    tránsito reflexiono
desde entonces y hasta ahora en la fidelidad a mí mismo
y en ellos dejé el oro de mi orina y bascas silenciosas en
    los bordes más discretos
a qué enorme sed sucumbía por las noches
sed de recordar de dar nombres para trazar el mapa de mi
    destino
sin encontrarlo bajo piedra o luz artificial o solar

entre las mantas ebrias o en el fuego cansino de las
    madrugadas
por entonces las ciudades me importaban menos
tremendo rayo ennegrecía mis pupilas por sus calles
yo pensando en el intento de recordar los nombres que
    nunca supe
con la familia alrededor preocupada por mí por mi silencio
    y melancolía
pobres seres taciturnos por mi culpa
tal vez ante la muerte recuerde el signo para todos los ríos

[Crítica.]

Rolando Rosas Galicia

TRES FRAGMENTOS PARA
SEVERINO SALAZAR

1

¿Quién es el que se va y me avisa de mi partida?
¿Por qué sopla en mi oído sus cosas a lápiz,
murmuraciones del más acá
a esta edad en que empieza a florecer mi muerte?
¿Quién se asoma para gritar que no me vaya
y como una pus sus reclamos sudan a bálsamo ajeno,
a que es otro y no yo el que sufre cuando me voy?

2

Duele el que se queda y mira en el espejo el dolor del otro.
Se duele.
Y más si por la misma herida escurre la verdosa ponzoña
de no saber.
Un breve descanso en la línea,
un leve resuello en la paciente gota de agua
sobre la terca piedra.

3

Rehago el fruto con el gajo de otros.
Cargo un costal de triques
        una vaca
        un malvón
y varios guajolotes.
Planto un árbol entre mi casa y la tuya
mientras escribo
y como si llamara a mi hermano
me grita desde abajo que a dónde voy.

[Molino de Letras.]

José Eugenio Sánchez

BALADA DE LAS ÚLTIMAS BOMBAS

ron es un viejo actor del blanco y negro
que hacía dinero con cualquiera vendiendo entrevistas y
    pistolas
mientras
en el mundo caían varias bombas
george por su parte
es un ranchero petrolero que montaba una gran troka con
    un longhorn en el frente
junto a su mujer que masticaba una mazorca y escupía los
    pellejitos por la ventanilla
y en el mundo caían más bombas
bill en cambio
fumaba mariguana y le encantaba que sus amigas se la
    mamaran
no por eso dejaban de caer más y más bombas
pero era diferente a la época de georgy —el hijo de george—
que buscaba afanosamente el cariño de su padre
entre las bombas que caían sobre el mundo

[Letras Libres.]

Karla Sandomingo

DE HUELLA

Al agua llena de flotantes tardes pardas con pétalos rotos;
verde la hora, nube esponjosa que bajaba a beber de la
mano de la tarde.

La piedra, la vieja huella del río dentro de una nube, la vieja de huella roja amapola ausente. La muerte está obser-
vando sus graznidos, alas grandes y onduladas como ban-
deras de luto.

Desde el puente veo la tarde cómo se vuelve una naranja.
Una navaja que llora sin prisa, nube de agua entre sus
uñas.

[Tierra Adentro.]

Julio Eutiquio Sarabia

AL FIN conozco la secreta fuente
de turbulentos caprichos y arteras
embestidas de loba deslenguada.

También hubo allí la tenue belleza
que un brebaje condenó a la temprana
lactancia y a la querencia por el bosque.

Las abuelas lo dicen con su gracia:
"Atado que fue de manos el vejestorio,
escuchó luego una homilía sobre Caperucita".

[Tierra Prometida.]

Francisco Segovia

CASA HABITADA

Esta mañana no te ha despertado
la alegre algarabía de los pájaros
—que siempre están dejando en bola el barrio,
yéndose de vacaciones a la playa—;
esta mañana te has quedado
en las nubes de tus sueños, en un ala delta,
entre las sábanas…

Y yo estoy sentado al borde de la cama
oyendo cómo a ti te sopla suave y en silencio el viento
que a mí me ha desvelado
—a medias dichoso y a medias desdichado.

¿Cómo me verás cuando despiertes?
Tú despierta a tu frescura y yo
acunado seriamente en mis ojeras
queriendo para mí entre dientes
que no te despiertes, que me dejes
tratar una vez más, una última vez,
que me dejes tratar de quedarme
dormido junto a ti.

Si alguien viniera a retratar la casa,
tú y yo no saldríamos en la foto. Tú,
porque quién sabe dónde andarás; yo,
porque estoy afuera, buscándote.
¿No me oyes pasar entre las frondas?

Ah, los viajes por los campos —¿no te acuerdas?—,
por las orillas del mar en bicicleta, por el aire
del estío y su denso zumbido azulado...

Quedan todavía contra el muro
las bicimotos, también exhaustas...

Quizá mañana...

El silencio recorre los pasillos
y se remansa en las habitaciones
—¿Eres tú? ¿Eres tú? ¡Acércate!—.
Un aire de otro invierno despelleja muros,
veleidades y promesas... A cada cosa le deja
entre las manos el gélido desierto
que cada cosa es...

La casa sigue puesta y firme.
Pero ya no para nosotros, sin raíces.
¿O no adivinas en las manchas de los muros
la hiedra viva que antes fuimos?
De sus meandros verdes sólo quedan
esas vetas negras, esos pozos de humedad
donde bebieron —y eran nítidas— las flores
del papel tapiz.

Escúchame —¿por qué no me oyes?—:
la casa y sus cosas aún están ahí:
la mesa puesta y la maleta lista para el viaje.
Somos tú y yo quienes ya no saben
mirar su solidez. Tú y yo…: una figura borrosa
tras el paño del tiempo, una vaga nostalgia
que va disolviendo el ocaso —¿lo ves?
¿por qué no me miras?—, un silencio que se empoza
en el frío socavón de nuestra sala
ahora que el sol se ha puesto.

Nadie —sino acaso tú— ve la luz
con que leo en la butaca.
Y nadie va a tener ojos —sino tú—
para el desenlace de la escena
que está ocurriendo a todas luces
en el pabellón de ese marco vacío…

Ven. Nadie nos mirará.
Hace días que tengo hecha la cama.

Lo que desolló el estuco y despintó los cuadros no fue el
    tiempo.
Lo que aún cala en las rendijas y carcome la argamasa
no es tampoco tiempo. Los siglos no han pasado
nunca por aquí: se estancan y contemplan en su estanque
sus raíces descuajadas, la seña inútil que levantan
contra el cielo, ese reflejo
donde a las claras ven que no son
sino naturaleza y tierra alzada
sobre su propia espalda: tiempo
que no tiene tiempo de huir de sí mismo

y dejar su cauda de figuras fantasmales,
abstractas y delgadas como un rostro en el espejo
y la vida cotidiana: tiempo que se queda
materialmente entero en su raíz volteada
mirando hacia el vacío
como se queda un muerto.

[*Revista de la Universidad de México.*]

Esther Seligson

NOCTURNO

Las noches en Jerusalén
perfuman al verano
de laureles y jazmín
ventanas desnudas al fresco
rumor de cuerpos en afanes
tres porciones de humedad
rocían a la madrugada
secretamente
desde la medianoche
los gatos liberan del basurero
el calor del día que fermentó
y de pronto ondea lascivo
voces fugitivas pasos anónimos
florecen las horas lentas
y amanece a pausas
como el rocío que cae
la oscuridad se ilumina desde dentro
juega a retardarse centellea
y el verano es generoso
raja por donde escurre

la miel del higo maduro
mientras clarean las estrellas
las noches en Jerusalén...

[Blanco Móvil.]

César Silva

EL DETECTIVE HÉCTOR ESTÁ ORGULLOSO

algún día esta calle tendrá mi nombre
se transformará en avenida de 6 carriles
3 para ir, 3 para regresar
de las casas de las esposas de otros
del veterinario con el perro herido
de compras, del súper donde el encargado odia
estrujen las frutas
y niños con tareas empezadas y zapatos sucios

habrá que pararse a comprar cerveza en algún sitio
12 botellas para los que vuelven
para los que huyen de los celos
por estos carriles amplios como amplios siempre los tragos
carteros que se equivocan, amas de casa en moteles
líneas blancas recién hechas por hombres que nunca las
    podrán seguir

mi avenida sin baches que saquen de quicio
árboles que se alimentan de aire y arena
donde el sol levanta vapor en la distancia

[Tierra Adentro.]

173

Jorge Souza

ALGUIEN DENTRO DE MÍ POR MÍ PREGUNTA

Llevo una lista de pendientes en la bolsa del chaleco
y unas cuantas monedas adquiridas en la madrugada con
    artes de los hombres.
Me muevo como sabio apaciguado que aprendió con los
    años
A vestir su corbata y trazar memorandos.
Sé al fin vivir mi mundo, mi recorrido diario
Mi destino de cada hora, mi trago de cada día.

Habito un edificio tenaz, me muevo entre paredes
    utilizando el tacto
Avanzo por musgosos pasillos donde viven seres de cal,
    personas de salitre
Y cumplo con mi parte sin parar un momento, sin
    esconder el rostro.

Pero bajo mi piel, un puñado de hormigas excava sus
    cavernas
Y un entumecimiento me apacienta.

En el espejo miro a mi propia figura alzar los brazos,
    balancear
La cabeza, elevar una pierna, inclinarse.

Oigo girar el mundo. Adivino
A distancia sus naves portentosas, sus habitantes rotos.
Observo la maraña, la multitud de gestos, que envuelve
   y arrebata
Este río silencioso que corre entre la carne.

Otras veces padezco la locura del viento.
Me sorprendo
Soplando sobre letras apenas comprensibles

[Reverso.]

175

Daniel Téllez

RETENTIVA

Amotinamiento del rostro
el mascarón de marbete
en el guiño del coliseo Jeta rumorosa
(Léase rétulo y rubro)
en el imán: la nombradía

la fama ganga que la careta no promete
porque no se tiene
carátulas morisquetas que corresponden   Las
enmarcadas por la retentiva y el rabo
del lustre del costoso cristal   Centuplican

ahora
el troglodita consumado arruinará tu cráneo
contra el tracto
porque el escapulario de las contrallaves
une tártaro y cielo

ahora
el mascarón de fórmula frente al doctrino de ring side
es interludio
imán campero   Solitario

[Reverso.]

Angélica Tornero

ENTRO EN NOVIEMBRE

Entro en noviembre y anoto: no hay pueblo, muros o puertas,
    no hay redes.
Llueve. No sé qué está. Mañana es abril.
Y a ti,

      te cercenaron la cabeza el día del sótano o cuando pre-
         guntaste
si la tintura de las tablas es una marca transparente debajo
de los pasos omitidos en el dorso del tiempo
y no existe la extensión ni dónde poner los párpados en la
    noche
o la noche:

te cercenaron la cabeza el día de la boca,
    de llanto o agua como lluvia necia en los huecos de los
        nervios,
    pero tú se los dijiste, no, la punta de su mirada, no,
    en mi pupila, no, abrasa a mis niñas y las pierdo
    y el sentido
(te habías roto el labio del beso):

te cercenaron la cabeza el día del beso,
   el labio roto en el pabellón espumaba de las inconve-
      nientes
después de beber coágulos rojos de su boca
hasta nausear en la cara de un blanco enfermero:

   te cercenaron la cabeza el día que no aventaste sus ojos
   y te ardieron.

Con cuánto asco descubrí su tibia lengua,
una sensación aumentó el aliento hasta entregarlo
y vi partido entrar negro
por una grieta enfrente,
sentí en el lugar donde se muere una emigración de silencios
y abiertos hasta el terror los labios,
la sangre abajo, en el borde una distancia.

No sé qué está. Mañana es abril. Afuera llueve adentro
la cabeza donde anoto: no hay pueblo ni muros
anchos o angostos, no comienza ni termina, no hay redes.
Algo me distingue antes del nombre, no me nombra,
me parte, me libera, algo sigue abierto al mundo,
la cabeza hendida yace en las anotaciones de noviembre.

[Tierra Prometida.]

Julio Trujillo

BIPOLAR

Una mitad se para en las cornisas,
asoma las falanges
y sacia en ese imán su sed de abismo.

La otra mitad hipotecó las rótulas,
evita los perímetros,
se para en la certeza del aquí.

Una se crece en el incendio,
ama la muerte como los coleópteros
adoran su reflejo en una flama.

Otra se dora bajo un sol anémico
que sólo sabe conquistar el gris
con rachas de amarillo.

Una ya te enlazó por la cintura.

Otra se tarda en redactar su amor
por la escritura.

Una pone el olfato y clava el dardo.

Manda un mensaje la otra
que va de la cabeza hasta las puntas,
sigue el rastro,

fija el tiro,
suelta el dardo:
es fiel al instructivo que se adjunta.

En el trasluz verdeamarillo de las hojas
se pierde una mitad
mientras la otra
lamenta no ser bosque.

Una conoce las alturas,
desciende en grandes y pausados círculos,
la está peinando el aire y silba nítido.

La otra mitad afila el pico,
olvida el vuelo porque está quebrando
los huesos de la liebre
que aún no apresa.

Una mitad es voluptuosa y crece
como la sed,
como un correoso tallo que posterga
la flor definitiva.

Otra mitad desbroza para andar,
se abre un camino
pero no lo encarna.

Templa sus élitros el grillo
para todos, para nadie:
se pasma una mitad,
la otra lo busca,
sigue buscándolo,
ansía encontrar la fuente de la música.

[Revista de la Universidad de México.]

Benjamín Valdivia

ENERO (DISCO ILEGIBLE)

Cuando el disco del mundo
es ilegible
y es como si tuviera en este lado luminoso
una cubierta de papel inesperado
o como si en el mismo invierno
un desarticulado sol urdiera su bravata
inútil ya casi en el poniente,
cuando este mundo mortal
nos habla en la deshora y siente
junto a nosotros un cántico simple
entre la multitud de los latidos
que hacen de sello a su pasión,
vamos a leguas comenzando el año,
su cintura de fiesta
como en cualquier inicio,
sus días magros bebidos a desuello
y toda esta inquietud
que pregunta si el sueño te persiste
y si estás junto a mí en esta rueda
gentilicia de ser
de una manera un poco incomprendida.
Cuando estas piedras acontecen,
y si estamos allí, el sol del año

nos habla a cada cual por nuestro nombre
mientras las páginas ávidas del día
avanzan y avanzan sin querer
llegar a su final.

[Crítica.]

Édgar Valencia

VIENTO

Behaving as the wind behaves
No nearer–
T. S. Eliot

Un poema,
una hoja
de papel
sobre
la calle
(este día soleado es otoño en el parque)
sin embargo
flotan
un periódico
hojas secas
y el poema
en el aire
(el papel es un parque soleado de otoño)
y la calle
es una hoja
seca
en el poema
del día
(el otoño es un papel en el parque)

y este día
flota
la calle
entre las hojas
(un periódico es un poema en el aire del otoño).

[Tierra Adentro.]

Sergio Valero

EXTRACTO CONCEPTUAL DE UNA PACHECA
EN EL REVENTÓN DE UN AMIGO

Porque vive sin saber contar
el valor de los minutos
después de cada hora
ella se pone la vida en cada pregunta
y en un pequeño pedazo de catástrofe
adherido a una cerveza
eso que sostiene la conciencia
las imágenes prohibidas de la memoria
cuando ella llegaba
y llegaba devastada
parloteaba cualquier cosa
porque lo sabe todo desde adentro
y sabía que ya no la estaban esperando
hablaba de una camiseta que no dice nada
hablaba desde una camiseta
y sólo para mirar sin sangre
y con desprecio
en donde nada más había una bestia tartamuda
tratando de decir algo del mundo
había llegado a donde nace el miedo
sin poder culpar al alcohol y las drogas
sin poder decir más de dos o tres palabras

y había llegado al fin
con esa idea
vivía tan sólo la emoción de una bienvenida
mientras las llantas anunciaban un adiós incontestable

[Tierra Adentro.]

Felipe Vázquez

DECIR QUE NO HALLÉ
TU VOZ

I

Al fin hallar el río y no saber
en qué piedra inicia la sequía.
Ser bajo la noche, una cigarra
canta con labios de cal. Aquí
un sol nos teje red; de grietas
prisionero, fluyo en tu sirena.
Al son del yunque va, salmón
varado en las fallas de mi sed.

II

Desde la cárcel roja de tu muerte
un río afila mis huesos contra mí.
Olvida en esta piedra, tu palabra
me sabe en la cárcel de su sombra.
En ti se derrumba mi brocal, y no
bebo mar sino esta sed de lejanía.

III

Con esta laja, en esta arena
decir que no hallé. Tu voz
el alma nos desata, cántaro
en esquirlas cuya escuadra
me desuella. Este silencio
de polvo nos acuña, óbolo
que el barquero en tu laúd
oblata. Mi extravío de runa,
pez bajo el sol indescifrable.

[Cultura Urbana.]

Josué Vega López

HARA KIRI

Basho el samurai entra a escena. Está agazapado afuera de
la biblioteca pública municipal. La noche se corta los
dedos en el sable con que el guerrero viola la cerradura
(la luz hace un guiño). Entra. Los libros forman una espesa
nata en la oscuridad. Con pasos ágiles, Basho se dirige al
estante de la literatura universal. Saca el arma de la funda
y comienza a partir los libros por la mitad.
De sus labios se descuelgan otros filos diminutos:
"¡demasiadas palabras, demasiadas palabras!"
En el colmo de la fiebre recita haikús de extremidades
entrecortadas.
¿Para qué sirve la maleza en un paisaje árido, seco?
El arte breve. Lo absolutamente indispensable. No más.
Nunca el juego del rodeo, el tropiezo.
El corazón es una síntesis, no los brazos, la nuca, el muslo
apretado; la angustia del todo y sus partes.
La misión suicida se detiene: no ha quedado ningún libro.

En las letras dislocadas se lee, sin embargo, otra literatura.
He aquí que en el terrorismo poético está la clave, el
siguiente paso evolutivo. Las prácticas caníbales,
homicidas, piratas, ladronas, son las preguntas que
machacaba Basho antes del Hara Kiri que cierra el episodio:

Filo de sable:
La angustia, en mi poesía,
hondo se encaja.

[Aquilón.]

Enzia Verduchi

POSTAL: PABELLÓN FERRI, 194?

Milena, decapita un gallo en celo y con su sangre
dibuja en el vientre una estrella que palpite por tu ombligo.

Empuña una piedra en el sueño, algo sólido
que recuerde lo eterno y lo etéreo de nosotros.

Y en el doblez del abrigo, zurce mis mensajes,
llévalos contigo en tu paso lento por el invierno.

[Tierra Prometida.]

Minerva Margarita Villarreal

ALOJADA EN LA ORACIÓN

La inmensa la pequeña de barrotes y tejas
alojada en la oración asciende
destellando este sueño
hacia el aliento de tus bendiciones
No tengo lugar La casa no me pertenece
Platónica de herméticas aldabas
cerrada por siempre
entre las bugambilias y los álamos
me hace volver a su constelación de moras sobre el piso
Cercas Noches para bañar mi cuerpo
con el agua gozada de una estrella
Y tú me estás tan dentro que no hay fracaso
en esta ruta vencida por la entrega
tan dentro que no hay fracaso
sólo alimento sólo pan de navío
Por el abismo
por la belleza que nos lanza hasta el abismo
por su monstruo que hiere
cíclope en su baño de lornas
esa pintura húmeda en este fondo húmedo
y más allá la cuerda encima del plafón
los cristales nublados y las gárgolas
Todo este tiempo con la certeza que no equivocarías

la imagen del árbol
y esta ráfaga que hunde
No ceso de caer
a mitad de la noche
en el estanque que nos lleva
no ceso de caer
entre frutos y corazones laminados
deshojados cubiertos por mantos de tierra
entre hostias amarillas
y tazas al borde
no ceso de caer
No te vayas no me sueltes
si abres mi boca cantaré tu alabanza
si abres mis labios danzaré para ti
Los trazos de esa piel el viento sangra
Digo tu nombre
Grito tu nombre para que el mundo escuche
El mundo que no ve el mundo que huye
Me has dejado al borde
en esta casa que es la noche y es el sueño
despojada en medio de las habitaciones de los vientos
me has dejado herida
venadita en lo rojo del bosque
me has dejado en la casa girante
donde sólo existe la ruta de las hormigas resguardándose
Es el plano del bosque
y esta casa el aire inquieto y dulce que te espera
Es el plano del bosque
y no me encuentro porque tú no estás
Me has dejado sola en medio del horizonte del cielo donde
    brillas

Me has dejado en el sonido incesante del agua de lluvia
y la nube barre los últimos guijarros
Hace frío esta noche
y ya casi es noviembre
Hace frío hace viento hace años
el movimiento de tus alas me despierta
eres cielo e infancia
la tristeza que vuelve
el arcángel que alumbró
esta pesquisa entre el tiempo y el viento
entre el tiempo y el viento
Cauce Verbo volviendo al cuerpo
Los trazos de esta piel el viento sangra
Estás aquí y acaricio tu rastro

[Tierra Adentro.]

Moisés Villavicencio

Para Lauren y Ben

En mi infancia los arroyos trajeron
cuentas sagradas
que colgaba en mi pecho
como esos calendarios
en las paredes de mi abuela
partera solitaria
Mis ancestros cantaron
en las praderas donde el infinito
En mi infancia mis hermanos murieron
en el vientre hinchado de la noche
En un yacimiento de barro encontré
el hilo de todas las respuestas
Bajo mis manos crecieron los vasos y los platos
de las constelaciones
Mis ancestros también corrieron
de una ciudad a otra
con las semillas y los peces de dioses
terrestres y naturales
No tuvieron las horas
que el sol pasa en las alas de los cormoranes
No tuvieron el oro de su lado
El viento sembró sus huesos y carne
en barrancas de acahual y silencio

Mis ancestros anduvieron de un lado
a otro de la tierra sin ruido
y con la boca en las aguas ruinosas
que la lluvia deja
después de morir en las hojas y las piedras
Soy el que no conoció la amenaza
de la rueda y la sed metálica del espíritu
Soy el que todavía pesca y come
de los ríos subterráneos
de una raza oscura
el que contempló
con miedo y furia los colores del martirio
de las nutrias y las ceibas
El que todavía anda las praderas
Mi propia invención
Hablo el lenguaje de las cosas

[Luna Zeta.]

Ludwig Zeller

PREGUNTAS A LO DESCONOCIDO

Allá en la casa de mi infancia el desierto crujía,
Y las piedras ardientes se partían de noche con el frío.
Sólo el viento reinaba en esas soledades, soplaba
   vagabundo
En una dirección por la mañana, pero luego, en la calma
Arrastraba tras sí los espejismos en donde era posible
Adivinar lo que estaba a lo lejos, la fiesta de los sueños.

Soplaba horas más tarde endemoniado en el sentido
   inverso
Llegando allá a lo lejos, a esas montañas a las que nunca
Podíamos llegar, la ciudad misteriosa, la soñada
Donde viven los seres que encienden las señales,
   mariposas
Que vuelan en lo desconocido, lo que está más allá, lo
   inalcanzable.

Mi padre al fin nos dio las soluciones. Hay que buscar
   cartón
Y cortar grandes ruedas, hacerles algunos cortes, doblarlos
Uno a un lado y otro a la inversa para afirmarla en tierra.
Sobre esas superficies dibujamos los planos, hicimos las
   preguntas,

Escribí los poemas que el viento de la tarde arrastraría
Lejos, corriendo por la pampa hacia lo desconocido, lo
    remoto.
En los siguientes días vi retornar algunas, había que correr
A interceptarlas, ver qué mensaje nos traían, saber por fin
Qué nos decían, qué respondían a nuestras preguntas.
A veces los mensajes parecían borrados por el sol, o quizás
Invisibles para el ojo humano. Hoy escribo poemas
Y no entiendo por qué no me contestan de allá lejos,
Desde aquella ciudad desconocida, donde todo es posible,
Las preguntas subsisten. Pero cae el silencio.

[Luna Zeta.]

200

Moisés Zurita Zafra

NOTICIA DEL FIN DEL MUNDO

Tengo un pez de colores
cinco canicas en la bolsa
y dos amigos

Sueño en las noches
pero un sudor infame inunda la cama
no quiero morir

Eduardo dice que caerán bolas de fuego
dolor y muerte desde el cielo

El fin de los impuros que ayer fue con agua
será un dulce recuerdo

¿Y mi hermanita?, dice Luis
la abraza y llora y no tiene palabras, sólo miedo

En la escuela me han dicho que el sol es un anciano
que morirá pronto

En mi primer insomnio me pregunto si la noche será
    eterna
y es cierto, tiritan azules los astros a lo lejos

201

Pienso en mi madre, morirá también y lloro
Estoy solo en medio de la noche y en silencio

No quiero despertarla,
no quiero que vea que lloro por su muerte

No despiertes, le digo al oído
y ella sigue así, dormida para siempre.

[Molino de Letras.]

Acerca de los autores

Luis Vicente de Aguinaga nació en Guadalajara, Jalisco, en 1971. Ha publicado *Piedras hundidas en la piedra, La cercanía* y *Reducido a polvo*, entre otros. Obtuvo el Premio Nacional de Poesía Aguascalientes en 2004 y el Premio Nacional de Ensayo Joven José Vasconcelos en 2005.

Dante Alejandro nació en Lagos de Moreno, Jalisco, en 1973. Es arquitecto por la Universidad Autónoma de Aguascalientes. Ha coordinado talleres literarios en Lagos de Moreno y Aguascalientes. Obtuvo el primer lugar en el Concurso Estatal de Cuento "Cincuentenario de Pedro Páramo" 2005. Tiene un libro de poesía, *Púrpura*.

Aurelio Asiain nació en la ciudad de México en 1960. Fue secretario de redacción y editor responsable de la revista *Vuelta* de 1983 a 1998, director fundador de la revista *Paréntesis* de 1999 a 2000 y figura en el consejo editorial de la revista *Letras Libres* desde 1999. Su primer libro, de poesía, *República de viento*, apareció en la editorial Visor, Madrid, en 1991. El segundo, de ensayos, *Caracteres de imprenta*, se publicó en Ediciones del Equilibrista en 1996. El tercero, de poesía, es una edición de autor. Editó una antología de poesía mexicana contemporánea en Japón. Actualmente es agregado cultural en la embajada de México en Japón.

ROWENA BALI es poeta y narradora. Estudió lengua y literatura en la UNAM y en la Universidad de Guanajuato. Es autora de cinco novelas: *El agente morboso, El ejército de Sadoma, La bala enamorada, Hablando de Gerzon* y *Amazon Party*; de un libro de cuentos: *De vanidades y divinidades*, y de un poemario: *Voto de indecisión*. Actualmente es jefa de redacción de la revista *Cultura Urbana*.

HERMANN BELLINGHAUSEN nació en la ciudad de México en 1953. Ha publicado tres libros de poesía: *La hora y el resto, Ojos de Omán y otros poemas* y *De una vez*; dos libros de narrativa: *El telar de los gallos* y *Aire libre*, y un libro de crónicas sobre la ciudad de México. Actualmente escribe relatos y artículos en el periódico *La Jornada* y es enviado permanente para cubrir el movimiento zapatista en Chiapas. Dirige el suplemento *Ojarasca*, también de *La Jornada*.

JOSÉ LUIS BOBADILLA nació en la ciudad de México en 1974. Forma parte del consejo editorial de la revista *El Poeta y su Trabajo* y es coeditor del sello Compañía. Ha publicado *aquí, tanto depende de...* y la antología *Grhhr* de poemas y notas del poeta estadunidense Michael McClure. Ha traducido también a David Antin, Robin Blaser, Robert Creeley, Cid Corman, George Oppen y Carl Rakosi.

MARIO BOJÓRQUEZ nació en Los Mochis, Sinaloa, en 1968. Es autor de los poemarios *Pájaros sueltos, Contradanza de pie y de barro, Diván de Mouraria* y *Pretzels*. Su obra ha merecido varias distinciones: el Premio Estatal de Literatura de Baja California, el Premio Abigael Bohórquez, el Premio Nacional Enriqueta Ochoa y el Premio Nacional Clemencia Isaura. Recibió las becas del INBA, del Fonca y del Difocur, entre otras. Actualmente se desempeña como profesor de retórica en la Fundación para las Letras Mexicanas y como editor asociado de la revista *Biblioteca de México.*

Luis Jorge Boone nació en Monclova, Coahuila, en 1977. Es autor de los libros *Legión, Galería de armas rotas* y *Material de ciegos.* Ha colaborado en revistas como *Letras Libres, Luvina* y *Oráculo.* Fue becario del Fonca y actualmente lo es de la Fundación para las Letras Mexicanas. Ha obtenido el Premio Nacional de Poesía Joven Salvador Gallardo Dávalos, el Premio Nacional de Cuento Inés Arredondo y el Premio Nacional de Poesía Clemencia Isaura.

Coral Bracho nació en la ciudad de México en 1951. Ha publicado *Peces de piel fugaz, El ser que va a morir* y *Ese espacio, ese jardín,* entre otros. Obtuvo el Premio Nacional de Poesía Aguascalientes en 1981 y el Premio Xavier Villaurrutia en 2003.

Víctor Cabrera nació en Arriaga, Chiapas, en 1973. Estudió letras hispánicas en la Facultad de Filosofía y Letras de la UNAM. Ha publicado la plaquette *Diez sonetos* y el libro de fábulas y ficciones breves *Episodios célebres.*

Víctor Manuel Cárdenas nació en Colima en 1952. Es director de la revista *Tierra Adentro.* La UNAM publicó recientemente su poesía reunida bajo el título *Fiel a la tierra, 1979-2003* en la Colección Poemas y Ensayos.

Adolfo Castañón nació en la ciudad de México en 1952. Ha editado numerosas obras de ensayo y de crítica literaria. Trabajó como editor durante varios años para el Fondo de Cultura Económica. Ha publicado *Arbitrario de literatura mexicana, Recuerdos de Coyoacán, Por el país de Montaigne,* y *La campana y el tiempo (poemas 1973-2003),* entre otros. Actualmente se desempeña como investigador en El Colegio de México y en la UNAM. Es miembro de la Academia Mexicana de la Lengua desde 2004.

SILVIA EUGENIA CASTILLERO nació en la ciudad de México en 1963. Es autora del libro de ensayos *Entre dos silencios, la poesía como experiencia.* En poesía ha publicado *Como si despacio la noche, Nudos de luz, Zooliloquios. Historia no natural.* Actualmente es directora de la revista *Luvina* de la Universidad de Guadalajara.

ROCÍO CERÓN nació en la ciudad de México en 1972. Ha publicado los siguientes libros: *Estas manos, Litoral, Basalto, Soma, Apuntes para sobrevivir al aire* y la antología *El decir y el vértigo. Panorama de la poesía hispanoamericana (1965-1979),* en colaboración con León Plascencia Ñol y Julián Herbert. Obtuvo el Premio Nacional de Literatura Gilberto Owen en 2000 y la beca del Fonca en la modalidad de Jóvenes Creadores 1998-1999. Es cofundadora de Motín Poeta y editora de Ediciones El Billar de Lucrecia. Algunos poemas suyos están traducidos al inglés y al alemán.

NEFTALÍ CORIA nació en Huaniqueo, Michoacán, en 1959. Ha publicado los siguientes libros de poesía y de teatro: *Cuaderno para detener un río, El libro de los duraznos, LunaMía, Cuaderno infiel, Adoración de San Juan, Bestiario de Viento y Fuego, Javiera en el acuario de los peces rotos, Comienza el Tango, La noche itinerante* y *Camas de espesura y jade.* Es coordinador del suplemento *Acento* de *La Voz de Michoacán.*

JAIR CORTÉS nació en Calpulalpan, Tlaxcala, en 1977. Ha publicado *A la Luz de la sangre, La tinta del alcatraz, Tormental* y *Contramor.* Junto con Rogelio Guedea coordinó y prologó el libro *A contraluz. Poéticas y reflexiones de la poesía mexicana reciente.* Fue becario del Fondo Estatal para la Cultura y las Artes de Tlaxcala y de la Fundación para las Letras Mexicanas.

IVÁN CRUZ nació en la ciudad de México en 1980. Es miembro del consejo editorial de la revista *Viento en Vela.* Ha publicado el libro *Tiempo de Guernica.* Poemas suyos aparecen en *Un orbe más ancho. 40 poetas jóvenes (1971-1983), Los mejores poemas mexicanos. 2005* y en el volumen colectivo *Espacio en disidencia. Siete poetas.*

ANTONIO DELTORO nació en ciudad de México, en 1947. Ha publicado *Algarabía inorgánica, Los días descalzos, Balanza de sombras, En las aguas del jueves para siempre,* y *Poesía reunida.* Obtuvo el Premio Nacional de Poesía Aguascalientes en 1996. Sus ensayos han aparecido en diversas revistas. Es miembro del Sistema Nacional de Creadores y actualmente se desempeña como coordinador cultural de la Casa del Poeta Ramón López Velarde.

JOSÉ MARÍA ESPINASA nació en la ciudad de México en 1957. Estudió cine y literatura en la UNAM. Ha publicado los poemarios *Son de cartón, Cuerpos, Piélago, El gesto disperso, Escritos en un muro de aire,* y los libros de ensayo *Hacia el otro, Cartografías, El tiempo escrito, El cine de Marguerite*

Duras y *Roberto Gavaldón director de cine*. Es profesor, periodista, coordinador editorial de El Colegio de México y director de Ediciones Sin Nombre. Ha sido miembro del Sistema Nacional de Creadores de Arte. Actualmente prepara un estudio sobre los Contemporáneos.

JORGE ESQUINCA nació en la ciudad de México en 1957. Tiene publicados, entre otros, los siguientes libros de poesía: *Alianza de los reinos, Paloma de otros diluvios, El cardo en la voz, Isla de las manos reunidas, Invisible línea visible, Vena cava, Uccello*. Con el título *Región 1982-2002*, la Universidad Nacional Autónoma de México publicó recientemente su poesía reunida. Ha traducido libros de poetas de lengua inglesa y francesa. Ha obtenido becas del Ministerio de Cultura de Francia y del Programa de Fomento a la Traducción Literaria del Fonca. Actualmente es miembro del Sistema Nacional de Creadores de Arte. En 1990 obtuvo el Premio Nacional de Poesía Aguascalientes y un año después el Premio Nacional de Traducción de Poesía.

OMAR FABIÁN nació en Oaxaca en 1978. Es coordinador de la biblioteca del Instituto de Artes Gráficas de Oaxaca (IAGO). Poemas suyos están incluidos en *Memoria del Encuentro del Mundo Latino 2000, Espiral de los latidos. Poesía joven del centro del país* y *Tres ventanas a la literatura oaxaqueña actual*.

LUIS FELIPE FABRE nació en la ciudad de México en 1974. En 1995 obtuvo el premio de la revista *Punto de Partida* en el género de poesía. Ha publicado los libros de poemas *Vida quieta* y *Una temporada en el Mictlán*, y un volumen de ensayos: *Leyendo agujeros. Ensayos sobre (des)escritura, anties-*

critura y no escritura. Le fue otorgada una beca del Fonca en la modalidad de Jóvenes Creadores durante el periodo 2004-2005.

JORGE FERNÁNDEZ GRANADOS nació en la ciudad de México en 1965. Ha publicado *La música de las esferas, El cristal* y *Los hábitos de la ceniza* y, recientemente, *Resurrección.* Obtuvo el Premio Internacional de Poesía Jaime Sabines en 1995 y el Premio Nacional de Poesía Aguascalientes en 2000. Pertenece al Sistema Nacional de Creadores de Arte desde 2001.

MALVA FLORES nació en la ciudad de México en 1961. Ha publicado *Malparaíso, Casa nómada, Ladera de las cosas vivas* y *Pasión de caza.* Ha sido incluida en varias antologías y ha publicado en revistas y suplementos culturales. Obtuvo el Premio de Poesía Joven Elías Nandino en 1991 y el Premio Nacional de Poesía Aguascalientes en 1999. Su poesía se ha traducido al inglés, francés, portugués, holandés y japonés. Actualmente es miembro del Sistema Nacional de Creadores de Arte.

MARCO FONZ DE TANYA nació en la ciudad de México en 1965. Vive en Chiapas desde 1986. Es egresado de la Sogem. En el 2002 obtuvo el Premio de Poesía Rodolfo Figueroa. Ha publicado 13 libros de poesía.

TANYA DE FONZ nació en Guadalajara, Jalisco. Estudió en la Escuela Rusa de Actuación en México y en la del Realismo Psicológico. Ha publicado tres libros de poesía: *Pequeño panfleto en formato y otras cuartillas, Jocabed y la ranura abierta* y *Ronda de muertos.* Actualmente es coeditora de Editorial Andrógino y Círculo de Absenta Editores y pertenece a la compañía de teatro La Escena Muda.

GLENN GALLARDO nació en la ciudad de México en 1951. Vivió en París, Francia, de 1981 a 1991. Ha publicado *Señales de vida* y *Ejercicios para las dos manos*. Colabora desde hace años en revistas y suplementos culturales y es traductor de numerosos libros.

SALVADOR GALLARDO CABRERA nació en Aguascalientes en 1963. Estudió filosofía en la UNAM. En 1983 obtuvo el Premio Nacional de Poesía Joven. Ha publicado el poemario *Sublunar,* y el libro de ensayo *Las máximas políticas del mar.* Edita la colección Trayectos y Devenires para Vértice/Ediciones.

INTI GARCÍA SANTAMARÍA nació en la ciudad de México en 1983. Ha publicado *Recuento al final del verano* y *Coranzoncito.* Es fundador y coeditor de la editorial de libros artesanales Compañía y becario del Fonca en el programa de Jóvenes Creadores.

ROCÍO GONZÁLEZ nació en Juchitán, Oaxaca, en 1962. Es doctora en literatura latinoamericana por la UNAM. Ha publicado varios libros de poesía: *Paraíso de fisuras, Ángeles en vilo, Interiores del tiempo, Las ocho casas, Vislumbre, Lunaversos, Pasiones tristes* y *Lunacero.* En 1998 obtuvo el Premio Nacional de Poesía "Benémerito de las Américas" y en 2001 el Premio Nacional de Poesía Enriqueta Ochoa.

JULIÁN HERBERT nació en Acapulco, Guerrero, en 1971. Ha publicado *El nombre de esta casa, La resistencia* y *Kubla*

Khan, además de la novela *Un mundo infiel*. Obtuvo el Premio Nacional de Literatura Gilberto Owen en 2004 y la beca del Fonca en la modalidad de Jóvenes Creadores 1999-2000, 2001-2002 y 2004-2005. Es vocalista del grupo de rock Las Madrastras.

FRANCISCO HERNÁNDEZ nació en San Andrés Tuxtla, Veracruz, en 1946. En 1982 obtuvo el Premio Nacional de Poesía Aguascalientes por su libro *Mar de fondo*; en 1993 el de Poesía Carlos Pellicer por *Habla Scardanelli*, y en 1994 el Xavier Villaurrutia por *Moneda de tres caras*. Fue miembro del Sistema Nacional de Creadores de Arte.

JULIO HUBARD nació en la ciudad de México en 1962. Estudió filosofía en la UNAM. Ha publicado dos libros de poesía: *Presentes sucesiones* y *Una turba de gente adorable*.

EDUARDO HURTADO nació en la ciudad de México en 1950. Estudió la carrera de letras hispánicas en la UNAM. Es autor de los siguientes libros de poesía: *La gran trampa del tiempo, Ludibrios y nostalgias, Donde conversan los amigos, Rastro del desmemoriado, Ciudad sin puertas, Puntos de mira* y *Las diez mil cosas*. Recientemente apareció su obra reunida bajo el título *Sol de nadie*. Desde noviembre de 2000 es miembro del Sistema Nacional de Creadores de Arte.

EDUARDO LANGAGNE nació en la ciudad de México en 1952. Ha publicado *Romances anónimos, La mano de Dios* y *La manzana en la cabeza*, entre otros. Obtuvo el Premio Casa de las Américas en 1980 y el Premio Nacional de Poesía Aguascalientes en 1994.

JOSÉ ÁNGEL LEYVA nació en Durango en 1958. Ha dirigido numerosas revistas de ciencia y cultura y actualmente es coeditor de *Alforja*. Ha publicado los poemarios *Botellas de sed, Catulo en el destierro, Entresueños* y *El espinazo del Diablo*, además de diversos libros de ensayos. En 1990 obtuvo el Premio Nacional de Poesía Olga Arias, y en 1999 el premio del XXIX Certamen Nacional de Periodismo, en el área de reportaje cultural, otorgado por el Club de Periodistas.

PURA LÓPEZ COLOMÉ nació en la ciudad de México en 1952. Estudió la licenciatura y la maestría en letras hispánicas e hispanoamericanas en la UNAM. Ha traducido a numerosos poetas del inglés y del alemán. Tiene siete libros de poesía: *El sueño del cazador, Un cristal en otro, Aurora, Intemperie, Éter es, Música inaudita* y *Tragaluz de noche*. En 2002 se publicó una antología de sus poemas en inglés, *No Shelter. The Collected Poems of Pura López Colomé* y, próximamente, aparecerá otra en Irlanda.

ELVA MACÍAS nació en Tuxtla Gutiérrez, Chiapas, en 1944. Es autora de ocho libros de adivinanzas, cuentos y poemas para niños. Su obra poética apareció reunida en 2000, bajo el título *Mirador*. Obtuvo el Premio Chiapas y el Premio Nacional de Poesía Carlos Pellicer para obra publicada. Es miembro del Sistema Nacional de Creadores de Arte.

JUAN JOSÉ MACÍAS nació en Fresnillo, Zacatecas, en 1960. Es subdirector de la revista universitaria *Funes*. Ha publicado, entre otros, los libros *Sensualineal, Ánima ascua, La Volonté de Dieu/ Deo volente* y *Dos máscaras para Dioniso*. En 1993 recibió el Premio Nacional de Poesía Ramón López Velarde y en 2005 el Premio Nacional de Poesía Efraín Huerta.

FRANCISCO MAGAÑA nació en Paraíso, Tabasco, en 1961. Además de poeta y traductor, es editor de Ediciones Monte Carmelo. Ha publicado doce libros de poesía. En 1999 recibió el Premio Carlos Pellicer para Obra Publicada y en 2001 el Premio Internacional de Poesía Jaime Sabines.

JEREMÍAS MARQUINES nació en Villahermosa, Tabasco, en 1968. Ha publicado los poemarios *El ojo es una alcándara de luz en los espejos, La décima intención del petirrojo* y *De más antes miraba los todos muertos.* Ha obtenido, entre otros, el Premio Clemencia Isaura, el Premio José Carlos Becerra, el Premio Nacional de Poesía Efraín Huerta y el Premio Internacional de Poesía Jaime Sabines.

EDUARDO MILÁN nació en Rivera, Uruguay, en 1952 y reside en México desde 1979. Es licenciado en letras por la Facultad de Humanidades de la Universidad de la República Oriental de Uruguay. Entre sus poemarios figuran *Estaciones Estaciones, Son de mi padre, Querencia, gracias y otros poemas.* Además, ha publicado varios libros de ensayo y traducciones. Actualmente es miembro del Sistema Nacional de Creadores de Arte.

JOSÉ MOLINA nació en Salamanca, Guanajuato, en 1975. Ha sido editor del suplemento *Letra Viva* del periódico *Imparcial* de Oaxaca y editor de la revista *Torre de Papel* del departamento de español y portugués de la Universidad de Iowa. Actualmente realiza la maestría en literatura y lengua portuguesa en la Universidad de Massachusetts.

JAIME MORENO VILLARREAL nació en la ciudad de México en 1956. Es ensayista, narrador y poeta. Ha publicado, entre otros títulos, *La estrella imbécil, El salón de los espejos encontrados, El vendedor de viajes* y *La doble visión*.

EDUARDO MOSCHES nació en Buenos Aires, Argentina, en 1944. Estudió ciencias sociales en la Universidad Libre de Berlín, y cinematografía en la UNAM. Ha desempeñado diversas labores editoriales y es fundador y director de la revista literaria *Blanco Móvil*. Ha publicado los poemarios *Los lentes de Marx, Cuando las pieles riman, Viaje a través de los etcéteras, Como el mar que nos habita* y *Molinos de fuego*.

ANGELINA MUÑIZ-HUBERMAN nació en Hyères, Francia, en 1936. Es poeta, narradora, ensayista y traductora. Ha publicado más de treinta libros, entre los cuales se pueden mencionar: *La lengua florida, Dulcinea encantada, El mercader de Tudela, Conato de extranjería, La tregua de la inocencia* y *El sefardí romántico*. Ha recibido el Premio de la Universidad Nacional, el Magda Donato, el Xavier Villaurrutia, el Fernando Jeno, el Sor Juana Inés de la Cruz y el Woman of Valor Award (American Sephardi Federation).

THELMA NAVA nació en la ciudad de México en 1932. Fue cofundadora, con otras escritoras, de la revista *El Rehilete*; con Luis Mario Schneider fundó, además, la revista y editorial *Pájaro Cascabel*. Entre sus libros publicados se encuentran *Colibrí 50, El primer animal, El libro de los territorios, El verano y las islas, Paisajes interiores* y *El primer animal. Poesía reunida. 1964-1995*.

MÓNICA NEPOTE nació en Guadalajara, Jalisco, en 1970. Ha publicado *Trazos de noche herida* e *Islario*. Obtuvo el Premio Nacional de Poesía Efraín Huerta en 2002 y la beca del

Fonca en la modalidad de Jóvenes Creadores 1994-1995, 1996-1997 y 2003-2004.

JORGE ORTEGA nació en Mexicali, Baja California, en 1972. Ha publicado *Crepitaciones, Cuaderno carmesí, Ajedrez de polvo* y *Estado del tiempo*. Obtuvo el Premio Nacional de Poesía Tijuana en 2001 y en 2005 resultó finalista del Premio de Poesía Hiperión en España. Ha sido becario del Fonca en la modalidad de Jóvenes Creadores 2000-2001 y 2002-2003.

ALEJANDRO ORTIZ GONZÁLEZ nació en la ciudad de México en 1969. Ha publicado tres libros de poesía: *Verbolario, Gimnotos* y *Sal Picadura*. Obtuvo la beca que otorga la Secretaría de Cultura del Gobierno del Distrito Federal dentro del programa Artes por Todas Partes 2003-2004, y la beca del Fonca en la modalidad de Jóvenes Creadores 1997-1998.

ABRAHAM ORTIZ NAHÓN nació en Oaxaca, Oaxaca, en 1974. Obtuvo la beca del Foesca de Oaxaca 2002-2003. Es director de la revista *Luna Zeta*. Sus poemas se han incluido en diversas antologías.

ÓSCAR DE PABLO nació en la ciudad de México en 1979. Ha sido becario en dos ocasiones de la Fundación para las Letras Mexicanas. Ha publicado los libros *La otra mitad del mundo, Los endemoniados* y *Sonata para manos sucias*. Obtuvo el Premio Nacional de Poesía Joven Elías Nandino en 2004 y el Primer Premio de Poetas Jóvenes de la Universidad Autónoma de la Ciudad de México en 2006.

JOSÉ EMILIO PACHECO nació en la ciudad de México en 1939. Es poeta, narrador, ensayista y traductor. Ha publicado numerosos poemarios: *El reposo del fuego, Los elementos de la noche, No me preguntes cómo pasa el tiempo, Desde entonces, Los trabajos del mar* y *La arena errante*, además de los libros de narrativa: *El viento distante* y *Las batallas en el desierto*. En 1968 recibió el Premio Magda Donato por *Morirás lejos*; en 1972, el Xavier Villaurrutia por *El principio del placer*, en 1992, el Nacional de Letras; en 1996, el José Asunción Silva; en 2001, el José Donoso; en 2003, el Octavio Paz; en 2004 el Iberoamericano de Poesía Pablo Neruda, y, en 2004, el segundo Premio Internacional de Poesía Federico García Lorca.

ALBERTO PAREDES nació en Pachuca en 1956. Es doctor en Letras. Recientemente ha publicado *Cantapalabra*, poemario sobre música, y *Una temporada de poesía*, antología de poetas mexicanos nacidos entre 1940 y 1950.

ÁMBAR PAST nació en los Estados Unidos en 1949 y adquirió la nacionalidad mexicana en 1985. Ha pasado la mitad de su vida en Chiapas, principalmente en las zonas rurales de los Altos. Ha trabajado como cirquera, jabonista, ama de casa, maestra de tintes naturales y es fundadora de la editorial indígena Taller Leñateros, y directora de la revista de arte y literatura *La Jícara*. Escribe poesía, cuento y ensayo en español, tzotzil e inglés. Entre sus libros cabe destacar *Slo, chiltaktik, cuatro vidas tzotziles, Yayamé, Nocturno para leñateros, El bosque de los colores* y *Caracol de tierra*.

CARLOS PINEDA nació en la ciudad de México en 1972. Es autor de *Imago, Escenas en el proscenio* y *Antología perpleja*. Ha publicado en revistas y suplementos culturales. En 1998 ganó el Concurso Nacional de Poesía Rubén Bonifaz Nuño. Actualmente coordina talleres de creación literaria en la

UAM-I y en la Casa Universitaria del Libro de la Coordinación de Humanidades de la UNAM.

LEÓN PLASCENCIA ÑOL nació en Ameca, Jalisco, en 1968. Ha publicado *El desorden de tu nombre, Enjambres* y *El árbol la orilla,* entre otros. Obtuvo el Premio Nacional de Poesía Alí Chumacero, el Premio Internacional Álvaro Mutis, el Premio de Poesía Gilberto Owen, y la beca del Fonca en la modalidad de Jóvenes Creadores 1999-2000 y 2001-2002. Es director editorial de la revista *Mexico Design* y dirige la editorial Filodecaballos.

CLAUDIA POSADAS nació en la ciudad de México en 1970. Poeta, periodista y promotora cultural, actualmente es becaria del Fonca en la modalidad de Jóvenes Creadores. Compiló el libro *En el rigor del vaso que la aclara el agua toma forma. Homenaje de poetas jóvenes a Gorostiza.*

CLAUDIA PUENTE nació en la ciudad de México en 1975. Ha publicado *Cielo lícito, la muerte* y sus textos han aparecido en varias antologías de poesía. Estudió literatura y ciencias del lenguaje en la Universidad del Claustro de Sor Juana. Actualmente cuenta con el apoyo de la beca de Jóvenes Creadores del Fonca.

BLANCA LUZ PULIDO nació en el Estado de México en 1956. Estudió literatura hispánica en la UNAM. Ha publicado los siguientes libros de poesía: *Fundaciones, Ensayo de un árbol, Raíz de sombras, Estación del alba, Reino del sueño, Cambiar de cielo, Los días* y *Pájaros.* Ha traducido a numerosos poetas. Es miembro del Sistema Nacional de Creadores de Arte.

217

ANDRÉS RAMÍREZ nació en Tetelcingo, Morelos, en 1972. Ha publicado dos libros de poesía: *Un canto para navegantes* y *En nuestros ojos*. Ha sido becario del Instituto Cultural de Morelos, del Centro Mexicano de Escritores y del Fonca. Desde hace más de diez años es editor de literatura del Grupo Planeta.

JOSUÉ RAMÍREZ nació en la ciudad de México en 1963. Ha publicado ocho libros de poesía, entre los cuales pueden mencionarse *Hoyos negros, Los párpados narcóticos, Ulises trivial* y *A ver/Cuaderno antes de la guerra*. De 1995 a 2000 fundó y dirigió la editorial Ditoria. Tuvo la beca de Jóvenes Creadores del Fonca en dos ocasiones y actualmente forma parte del Sistema Nacional de Creadores de Arte. Colabora en diversas revistas con reseñas, notas y entrevistas. Su libro más reciente es *Imanes*.

JULIO RAMÍREZ nació en Oaxaca en 1953. Poeta, narrador y ensayista, edita y dirige el Fondo Editorial Cantera Verde desde 1987. En dos ocasiones ha sido becario del Fondo Nacional y Estatal para la Cultura y las Artes, como Creador con Trayectoria y en Perfeccionamiento. Coordina, desde 1987, el taller literario de la Biblioteca Pública Central de Oaxaca. Es coordinador general del Encuentro Internacional Hacedores de Palabras que se realiza anualmente en la ciudad de Oaxaca. Tiene publicados los libros de poesía *Tocar el alba, Armar las palabras (Es un rufián el corazón del alba), Cantos para dormir a un lobo y a otros bichos,* y de ensayo *Arte popular, corazón de Oaxaca* y *Letranautas, escenarios de la literatura en Oaxaca*.

RAÚL RENÁN nació en Mérida, Yucatán, en 1928. Es poeta, narrador, editor, profesor y coordinador de talleres literarios. Sus más recientes libros son *A/ Salto del río, Agonía del salmón* y *El cadáver exquisito de un pez.*

CARLOS RÍOS nació en Buenos Aires, Argentina en 1967. Ha publicado los libros de poesía *Media romana* y *La salud de W.R.* Actualmente vive en la ciudad de Puebla, donde coordina el Taller de Creación Literaria de la Universidad Iberoamericana.

JOSÉ LUIS RIVAS nació en Tuxpan, Veracruz, en 1950. Ha publicado *Tierra nativa, Estuario, Por mor del mar* y *Pájaros,* entre otros. Obtuvo el Premio Nacional de Poesía Aguascalientes en 1986 y el Premio Xavier Villaurrutia en 1990.

CRISTINA RIVERA GARZA nació en Matamoros, Tamaulipas, en 1964. Ha publicado *La más mía, Nadie me verá llorar* y *Lo anterior,* entre otros. Obtuvo el Premio Nacional José Rubén Romero y el Premio Sor Juana Inés de la Cruz.

VÍCTOR ROJAS nació en Puebla, Puebla, en 1955. Ha publicado *Vigésimo octavo* e *Insectos.*

ROLANDO ROSAS GALICIA nació en San Gregorio Atlapulco, Xochimilco, en 1954. Ha publicado numerosos libros de poesía: *Quebrantagüesos, Herida cerrada en falso, El pájaro y la paloma, Quimeras, Morder el polvo, Mester de soltería* y *Vagar entre sombras.* Es profesor de tiempo completo en la Universidad Autónoma de Chapingo.

José Eugenio Sánchez nació en Guadalajara, Jalisco, en 1965. Ha publicado *Physical graffiti* y *La felicidad es una pistola caliente*. Obtuvo el X Premio Internacional de Poesía de la Fundación Loewe en 1997 y la beca del Fonca en la modalidad de Jóvenes Creadores 1997-1998 y 1999-2000. Actualmente es miembro del Sistema Nacional de Creadores de Arte.

Karla Sandomingo nació en Guadalajara, Jalisco, en 1970. Sus dos libros de poesía más recientes son *Instrucciones para dividir pájaros* y *Madera sola*. Ha sido becaria del Fonca. Es miembro fundador de la revista *Tragaluz*.

Julio Eutiquio Sarabia ha publicado tres libros de poesía: *Cerca de la orilla*, *En el país de la lluvia* y *Mudar de vida*. En 1994 obtuvo el Premio José Fuentes Mares.

Francisco Segovia nació en la ciudad de México en 1958. Ha publicado *Dos extremos*, *Alquimia de la luz* y *Rellano*, entre otros. Obtuvo la beca del Centro Mexicano de Escritores en 1976 y la del Fonca en la modalidad de Jóvenes Creadores en 1992. Ha sido miembro del Sistema Nacional de Creadores de Arte.

Esther Seligson nació en la ciudad de México en 1941. Estudió literatura española en la UNAM y francesa en el IFAL, historia del arte en el ICS y pensamiento judío en el Centre Universitaire d'Études Juives (París) y en el Mahon Pardes (Jerusalén). En 1969 fue becaria del Centro Mexicano de Escritores. Ha traducido la obra del filósofo rumano E. M. Cioran y el poeta cairota Edmond Jabès. Obtuvo el premio Xavier Villaurrutia en 1973 por la novela *Otros son los sueños*, y el Magda Donato por el libro de relatos *Luz de dos* en

1979. En 2005 el FCE publicó su antología de ensayos *A campo traviesa*, y en 2006, *Toda la luz*.

CÉSAR SILVA nació en Ciudad Juárez, Chihuahua, en 1974. Es autor de *Si fueras en mi sangre un baile de botellas* y de *Abcdario*.

JORGE SOUZA estudió la licenciatura en filosofía y la maestría en lingüística en la Universida de Guadalajara. Es autor de los poemarios *Tela de araña, Sabedor de tristísimos de ningún remedio, Luz que no vuelve, Saliva de qué dioses, En las manos, la niebla* y *Cifras de fuego* (edición bilingüe francés-español).

DANIEL TÉLLEZ nació en la ciudad de México en 1972. Ha publicado *Paraguas para remediar la soledad, El aire oscuro* y *Asidero*, entre otros. Obtuvo el Premio Nacional de Poesía Joven Elías Nandino en 2001. Su obra ha aparecido en diversas antologías. Es coautor, además, de un libro de ensayos sobre José Carlos Becerra y de otro sobre Gilberto Owen. Es miembro del consejo editorial de la revista *Reverso*.

ANGÉLICA TORNERO nació en la ciudad de México en 1959. Es doctora en literatura iberoamericana por la UNAM. Ha publicado los poemarios *Fotografías en los labios de alguien* y *Hasta no recoger el corazón de golpe*. Actualmente es profesora de literatura en el posgrado de letras de la UNAM.

JULIO TRUJILLO nació en la ciudad de México en 1969. Estudió lengua y literatura hispánicas en la UNAM. Es jefe de redacción de la revista *Letras Libres* en España. Ha publicado los poemarios *Una sangre, Proa, El perro de Koudelka* y *Sobrenoche*.

BENJAMÍN VALDIVIA nació en Aguascalientes en 1960. Es miembro correspondiente de la Academia Mexicana de la Lengua y de la Academia Norteamericana de la Lengua Española. Entre sus libros de poesía se encuentran *Paseante solitario, Los ojos del espejo, Itinerario de espuma* e *Inscripciones en la piedra*. Actualmente es director del Centro de Estudios Cervantinos y presidente de la Red Cervantina Mundial.

ÉDGAR VALENCIA nació en Torreón, Coahuila, en 1975. Ha publicado los poemarios *Oficios* y *Descripción de la esfera*, por los cuales recibió, respectivamente, el Premio de Poesía Enriqueta Ochoa y el Premio de Poesía Joven de Cáceres, España. Ha sido becario del Fonca y de la Fundación para las Letras Mexicanas. Trabaja como editor en el Centro de Investigaciones y Estudios Superiores en Antropología Social.

SERGIO VALERO nació en la ciudad de México en 1969. Ha publicado *Cuaderno de Alejandra* y *Valga la noche*. Obtuvo el Premio Nacional de Poesía Joven Elías Nandino en 1997 y la beca del Fonca en la modalidad de Jóvenes Creadores 2001-2002 y 2003-2004.

FELIPE VÁZQUEZ nació en Teotihuacán, Estado de México, en 1966. Obtuvo el Premio Nacional de Poesía CREA en 1987, el Premio Nacional de Poesía Miguel N. Lira en 1991, el Premio Nacional de Poesía Gilberto Owen en 1999 y el Premio Nacional de Ensayo Literario José Revueltas en 2002. Ha publicado dos libros de poesía: *Tokonoma* y *Signo a-signo*; uno de aforismos: *De apocrypha ratio*; uno de ficciones: *Vitrina del anticuario,* y dos de crítica literaria: *Archipiélago de signos. Ensayos de literatura mexicana* y *Juan José Arreola: la tragedia de lo imposible*.

Josué Vega López nació en la ciudad de México en 1976. Ha sido productor radiofónico desde 1996. Es miembro fundador de las revistas *Caín* y *Cien pies*. Ha publicado la plaquette *Hotel de paso* y el libro *Cuerpo en añicos*. Actualmente es guionista del Canal Once.

Enzia Verduchi nació en Campeche en 1967. Estudió periodismo y ciencias de la comunicación en el Instituto Campechano. Fue becaria del Centro Mexicano de Escritores y del Fonca. Ha publicado los poemarios *Cartas de usurpación* y *El bosque de la hormiga*. Obtuvo el Premio Nacional de Cuento Efraín Huerta en 1992. Actualmente es miembro del Sistema Nacional de Creadores de Arte.

Minerva Margarita Villarreal nació en Montemorelos, Nuevo León. Poeta e investigadora, actualmente es maestra de tiempo completo de la Facultad de Filosofía y Letras de la Universidad Autónoma de Nuevo León. Ha recibido los premios Plural y Jaime Sabines.

Moisés Villavicencio nació en Oaxaca en 1970. Fue becario del Foesca en Letras de 1993 a 1994 y de 1996 a 1997. Ha publicado en numerosas revistas y en los libros colectivos *Oficio de Cantera, Poetas de Tierra Adentro II, Espiral de los latidos* y *Poesía joven de la Zona Centro del país*. En 2002 publicó el poemario *Mayo entre voces*. Desde 1998 vive en Madison, Wisconsin.

Ludwig Zeller nació en Río Loa, Chile, en 1927. Durante 16 años trabajó para el Ministerio de Educación en Chile. Desde 1971 hasta 1992 vivió en Canadá. Actualmente reside en Oaxaca. Ha fundado revistas, editoriales, y su obra incluye medio centenar de libros de poesía, una novela, algunos ensayos y cinco libros de *collages*. Sus publicaciones más importantes son: *Mujer en sueño, Cuando el animal de fondo sube, la cabeza estalla, Salvar la poesía, quemar las naves, Río Loa, estación de los sueños* y *Los engranajes del encantamiento*.

Moisés Zurita Zafra nació en 1967. Es director fundador de la revista *Molino de Letras*. Ha publicado los siguientes libros: *Yo sí la pasé, Gotas de tinta, Unos días en la escuela, Cuando me iba de pinta* y *Cierro los ojos, me voy*. Ha ganado el Premio Nacional Edmundo Valadés en dos ocasiones.

Revistas consultadas

Alforja, revista trimestral. Dirección: José Vicente Anaya y José Ángel Leyva. Editor: Hernán Lara Zavala. Copilco 300, ed. 7, depto. 503, col. Copilco Universidad; 04360 México, D. F.
Correo electrónico: alforjapoesia@yahoo. com

Alterarte, revista mensual. Dirección: Ramón Rosado. [Sin domicilio.] Correo electrónico: alterarte@terra.com.mx

Amarras, todo consiste en soltar palabras, revista bimestral. Dirección: Alejandra Olay Rodríguez. Edición: Carlos Sánchez. Privada Saturnino Campoy 68, col. Nuevo Sahuaro, Hermosillo, Sonora.
Correo electrónico: revistamarras@hotmail.com

Aquilón. Viento del norte, revista de arte y literatura. Directora general: María Edma Gómez. Arte y Literatura A. C., Paseo del Valle 1008, Jardines del Valle; 21270 Mexicali, Baja California. Correo electrónico: aquilon@poetic.com

Biblioteca de México, revista bimestral. Director: Eduardo Lizalde. Editor: José Antonio Montero. Editor asociado: Mario Bojórquez. Plaza de la Ciudadela 4, Centro Histórico; 06040 México, D. F.
Correo electrónico: bibmex@ correo.conaculta.gob.mx

Blanco Móvil, revista trimestral. Director: Eduardo Mosches. Momoluco 64, Santo Domingo; 04510 México, D. F.
Correo electrónico: eduardomosches@yahoo.com

Casa del Tiempo, revista mensual de la Universidad Autóno-

ma Metroplitana. Director: Hernán Lara Zavala. Editor: Juan Carlos Rodríguez. Medellín 28, colonia Roma; 06700 México, D. F.
Correo electrónico: editor@correo.uam.mx

Cathedra, revista semestral de la Facultad de Filosofía y Letras de la Universidad Autónoma de Nuevo León. Directora: Ludivina Cantú Ortiz. Editor: Pedro Cortés Rodríguez. Facultad de Filosofía y Letras, Ciudad Universitaria, San Nicolás de la Garza; 66450 Nuevo León. Correo electrónico: editorial@filosofia.uanl.mx

Crítica, revista bimestral de la Universidad Autónoma de Puebla. Director: Armando Pinto. Subdirector: Julio Eutiquio Sarabia. Reforma 905, Centro Histórico; 72000 Puebla. Correo electrónico: revistacritica@mail.buap.mx

Cuiria, revista semestral. Director: Enrique Montañez. Subdirector: Juan Arturo Terán y Mendoza. Editor: Juan Luis Nutte. [Sin domicilio.]
Correos electrónicos: canicarodante@hotmail.com y quebonitacanica@yahoo. com.mx

Cultura Urbana, revista de la Universidad de la Ciudad de México. Director: Juan José Reyes. Coordinador editorial: David Huerta. Jefa de redacción: Rowena Bali. División del Norte 906-8, Col. Del Valle; 03100 México, D. F. Correo electrónico: culturaurbana00@yahoo.com.mx

Deriva, revista trimestral. Director: José Francisco Zapata. [Sin domicilio.] Correos electrónicos: deriva@galeon.com, derivasiempre@yahoo.com.mx y elviaje2002@ yahoo.com.mx

Descritura, revista trimestral. Director: Luis Tiscareño. Subdirección: Martha Lorena Botello Moreno. Cuarta Cerrada de Tulipán 4, col. Miguel Hidalgo, Tlalpan; 14250 México, D. F. Correo electrónico: descritura@yahoo.com

Diturna, revista bimestral. Director general: Ramiro Bola-
ños. Diversa Ediciones S. A. de C. V., Morelos norte 911,
Centro; 58000 Morelia, Michoacán.
Correo electrónico: diturn@eudoramail.com
Dosfilos, revista bimestral. Coordinador: José de Jesús Sam-
pedro. Redacción: María Isela Valadez. Edición: Héctor
Ávila Ovalle. Callejón del Capulín 202, Centro; 98000
Zacatecas, Zacatecas.
Correo electrónico: dos filos@prodigy.net.mx
El Poeta y su Trabajo, revista trimestral. Director: Hugo Gola.
Torres de Mixcoac A8-802; 01490 México, D. F. Correo
electrónico: elpoetaysutrabajo@yahoo.com
Este País, revista mensual. Director fundador: Federico Re-
yes Heroles. Director: José Antonio González de León.
Dulce Olivia 71, colonia Villa Coyoacán; 04000 Méxi-
co, D. F.
Correo electrónico: estepais@prodigy. net.mx
Estudios, revista trimestral del Departamento Académico de
Estudios Generales del Instituto Tecnológico Autóno-
mo de México. Director: Julián Meza. Jefe de redacción:
Mauricio López Noriega. Río Hondo 1, Tizapán, San
Ángel; 01000 México, D. F.
Correo electrónico: estudios@itam.mx
Fandango, revista trimestral. Comité directivo: Fernando
Amaya, Ninfa Pacheco Rodríguez, Israel Reyes Larrea.
[Sin domicilio.]
Correo electrónico: revistafandango@ hotmail.com
Fractal, revista trimestral. Director: Ilán Semo. Campeche
351-101, col. Hipódromo Condesa; 06100 México, D. F.
Correo electrónico: fractal@prodigy.net.mx
Incipit, revista mensual. Editor: Raúl Rodríguez Padilla. C.
Profesa 6-4, Fraccionamiento Valle de Santa Mónica,

Tlalnepantla; 54050 Estado de México. Correo electrónico: editor@incipit.com.mx

Ixtus, revista bimestral. Director: Javier Sicilia. Subdirectora: Patricia Gutiérrez-Otero. Av. Constituyentes 64,. 3er piso, col. 16 de septiembre; 11810 México, D. F. Correo electrónico: suscripciones@jus.com.mx

La Manzana, revista mensual. Dirección: Ingrid Valencia. Edición: Fernando de León. [Sin domicilio.] Correo electrónico: periodicolamanzana@yahoo.com.mx

La Tempestad, revista bimestral. Director general: José Antonio Charaund. Director editorial: Nicolás Cabral. Editorial Imágenes y Movimiento S. A. de C. V., Calzada San Pedro 250 Nte., col. Miravalle; 64660 Monterrey, Nuevo León. Correo electrónico: mgamez@latempestad. com.mx

La Voz de la Esfinge, revista trimestral. Directora: Isabel Jazmín Ángeles. Editor: Antonio Marts. Morelos 1265-9, colonia Americana, Guadalajara; 44160 Jalisco. Correos electrónicos: isabel_jazmin@hotmail.com, antonio_ marts@paraisoperdido.ws

Letras Libres, revista mensual. Director: Enrique Krauze. Jefe de redacción: Ricardo Cayuela. Editorial Vuelta, Miguel Ángel de Quevedo 783, Barrio del Niño Jesús, Coyoacán; 04330 México, D. F.
Correo electrónico: cartas@letraslibres.com

Líneas de Fuga, revista trimestral. Director: Philippe Ollé-Laprune. Editor: María Virginia Jaua Alemán. Citlaltépetl 25, col. Hipódromo Condesa; 06170 México, D. F. Correo electrónico: apie@prodigy.net.mx

Literal. Gaceta de literatura y gráfica, publicación mensual. Dirección: Jocelyn Pantoja. Edición: Andrés Márquez. [Sin domicilio.]
Correo electrónico: gacetaliteral@ yahoo.com

Luna Zeta, revista mensual. Coordinador editorial: Abraham Ortiz Nahón. Galeana 221-B, Centro; 68000 Oaxaca, Oaxaca. Correo electrónico: lunazetaoax@yahoo.com.mx

Luvina, revista trimestral de la Universidad de Guadalajara. Directora: Silvia Eugenia Castilleros. Editor: Fernando de León. Hidalgo 919, Sector Hidalgo; 44100 Guadalajara, Jalisco. Correo electrónico: luvina@cencar.udg.mx

Molino de Letras, revista bimestral. Dirección: Moisés Zurita Zafra. Subdirección: Juan Jorge Díaz Rivera. Miguel Negrete 336, L. 15 C. 40 Xolache; 56110 Texcoco. Correos electrónicos: contacto@molinodeletras.com.mx, molino_de_letras@yahoo.com.mx

M. Museos de México y del Mundo, revista semestral. Director: Miguel Fernández Félix. Editor: Miguel Ángel Fernández del Villar. Editor asociado: Jaime Moreno Villarreal. Consejo Nacional para la Cultura y las Artes/ Instituto Nacional de Antropología e Historia/Instituto Nacional de Bellas Artes, Plaza Hidalgo 99, Tepotzotlán, Estado de México.Correo electrónico: m@inah.gob.mx

Navegaciones Zur, revista trimestral del Centro Yucateco de Escritores A. C. Comisión editorial: Melba Alfaro, Roberto Azcorra, José Juan Cervera, Jorge Lara, Cristina Leirana, Carlos Martín, Roger Metri. [Sin domicilio.] Correo electrónico: navegacionezur@yahoo.com.mx

Oráculo, revista trimestral. Consejo directivo: Rodrigo Flores, Ramón Peralta, Daniela Ramos Cardoso. Saltillo 125, Col. Hipódromo Condesa, México D. F. Correo electrónico: oraculopoesia@yahoo.com.mx

Palestra, revista trimestral. Dirección: Eduardo Gálvez y Marcos Daniel Aguilar Ojeda. Navarra 195, núm. 5, col. Álamos; 03400 México, D. F. Correo electrónico: revista_ palestra@yahoo.com.mx

Pauta, revista trimestral. Director: Mario Lavista. Jefe de redacción: Luigi Amara. Dirección General de Publicaciones, calzada México-Coyoacán 371, Xoco; 03330 México, D. F.

Correo electrónico: interfasecolor@yahoo. com.mx

Periódico de Poesía, revista trimestral. Director: David Huerta. Subdirector: Francisco Martínez Negrete. Centro Cultural Universitario, circuito exterior, edificio C, 3er piso, Insurgentes Sur 3000; 04510 México, D. F. Correo electrónico: estudiolg@yahoo.com

Plan de los Pájaros, revista trimestral. Director: Antonio Ávila Galán. Editor: Omar Fabián. Av. Libertad 56, col. Centro, Tuxtepec, Oaxaca.

Correo electrónico: plandepajaros@hotmail.com

Pliego 16, publicación del programa de becas y formación para jóvenes escritores de la Fundación para las Letras Mexicanas. Liverpool 16, colonia Juárez, México, D. F. Correo electrónico: pro@fundacionletrasmexicanas.org

Punto de Partida, revista bimestral. Edición: Carmina Estrada. Asistencia: Rodrigo Martínez Martínez. Dirección de Literatura, Zona Administrativa Exterior, Edificio C, primer piso, Ciudad Universitaria, Coyoacán; 04510 México, D. F. Correos electrónicos: partidar@servidor.unam. mx, cestrada@correo.unam.mx

Reverso, revista trimestral. Director: Carlos López de Alba. Coordinación editorial: Susette Hernández. Ediciones del Zaguán S. C., Bernardo de Balbuena 739, col. Ladrón de Guevara; 44600 Guadalajara, Jalisco. Correo electrónico: re_verso@hotmail.com

Revista de la Universidad de México, revista mensual de la Universidad Nacional Autónoma de México. Director: Ignacio Solares. Editores: Ari Cazés y Mauricio Molina. [Sin domicilio.] Correo electrónico: revistadelauniversidad@yahoo.com.mx

Revuelta, revista trimestral. Director: Pedro Ángel Palou. Jefe de redacción: Miguel Maldonado. Sta Catarina Mártir, Cholula; 72820 Puebla.

Correo electrónico: revista.revuelta@udlap.mx

Siembra, revista trimestral de la Universidad Autónoma de Chapingo. Dirección: Rolando Rosas Galicia y Arturo Trejo Villafuerte. Departamento de Publicaciones, UACh, Chapingo; 56230 Estado de México. [Sin correo electrónico.]

Tabique, revista bimestral. Coordinación general: Zaira Espíritu Contreras. Asesoría editorial: Carlos Francisco Gallardo Sánchez. "Elaborada en algún lugar del Valle de Cuauhnáhuac."

Correo electrónico: tabiquerevista@hotmail.com

Tierra Adentro, revista bimestral. Director: Víctor Manuel Cárdenas. Nicolás Bravo esq. Reforma, col. Centro, Colima; 28000 Colima.

Correo electrónico: eleon@correo. conaculta.gob.mx

Tierra Prometida, revista bimestral. Director: Víctor Baca. Subdirector: Guido Peña. Editor: Héctor Baca. Manuel González 98, edif. Tamaulipas 608-B, col. Unidad Nonoalco Tlatelolco; 06900 México, D. F. Correo electrónico: tprom@terra.com.mx

Tinta Seca, revista bimestral. Director: Miguel Ángel Muñoz. Asesores: David Siller, Saúl Ibargoyen. Privada Cholula, depto. 491, carretera federal Cuernavaca-Cuautla km. 14,5, Residencial Acolapa; 62730 Morelos. Correo electrónico: miguelangelmunoz@prodigy. net.mx

Tragaluz, revista mensual. Dirección general: Carmen Villoro. Dirección editorial: Isabelle Arroyo. Subdirección

editorial: Karla Sandomingo. Tragaldabas S. A. de C. V., Justo Sierra 2620, col. Ladrón de Guevara; 44600 Guadalajara, Jalisco.
Correo electrónico: tragaluz@megared.net.mx

VozOtra, revista bimestral. Fundador y director general: Javier de la Mora. Directora editorial: Leticia Luna. [Sin domicilio.]
Correo electrónico: letrasexiliadas@hotmail.com

Índice

239

Este libro se terminó de imprimir y encuadernar en agosto de 2006 en Impresora y Encuadernadora Progreso, S. A. de C. V. (IEPSA), Calz. San Lorenzo, 244; 09830 México, D. F. En su composición se utilizaron tipos Poppl-Pontifex de 13:14, 10:14 y 9:14 puntos. El tiraje consta de 800 ejemplares en rústica y 200 empastados.